UNSTRESSBAR

Das 3x3 Gesetz der Achtsamkeit

Svea Lang & Lasse Nielsen

1. Auflage | August 2018

Covergestaltung: GermanCreative

ISBN13: 9781728736204

Bibliographische Informationen der Deutschen Nationalbibliothek
Die Deutsche Nationalbibliothek verzeichnet diese Publikation in der Deutschen Nationalbibliografie; detaillierte Daten sind im Internet abrufbar über http://dnp.de

Inhalt

1. VORWORT VON SVEA

Das Leben rauscht an mir vorbei

Das Klingeln des Weckers reißt mich wie jeden Morgen aus meinen Träumen. Ich fühle mich zerschlagen, müde, energielos. Noch halb im Schlaf stelle ich meinen Handywecker ein paar Minuten weiter – die Schlummerfunktion, mein bester Freund. Leider kann ich mir diesen Luxus eigentlich gar nicht leisten, denn mein Morgen ist eng getaktet: meine tägliche Anfahrt ins Büro beträgt 120km. Auf einer der befahrendsten und staulastigsten Autobahnen NRWs. Danach 8 Stunden Büro, dann 120km zurück. Für jede Strecke brauche ich dank Staukolonne 2,5 – 3 Stunden. Jede 10 Minuten, die ich später auf die Autobahn komme, bedeuten 30 Minuten mehr Stau.

Also quäle ich mich um kurz vor 6h morgens aus dem Bett, taumele ins Bad und arbeite daran, wach zu werden. Da ich kein Frühstücksmensch bin, sitze ich um 6.20h im Auto und schlängle mich von Emmerich an der holländischen Grenze über die volle A3 nach Düsseldorf – in mein Büro. Alleine mit der Hin- und Rückfahrt von 6 Stunden habe ich schon fast die normale Arbeitszeit hinter mir – und dann kommen noch 8 Stunden im Job. Zugegeben, der Job macht mir Spaß und ich habe ein tolles Team, aber eigentlich funktioniere ich nur noch.

240 km pro Tag, 5 Tage die Woche. Mein damaliger Partner bekam ein Jobangebot in Den Haag und so beschlossen wir, für 1 Jahr in die Mitte zwischen Den Haag und Düsseldorf zu ziehen. Aus dem einen Jahr wurden drei – drei Jahre zu viel. An den Wochenenden wollte ich nicht schon wieder im Auto sitzen, so dass meine sozialen Kontakte verkümmerten. Meine Freunde wohnten 120 – 300 km entfernt und da ich am Wochenende einfach wirklich ausgelaugt war, lohnte sich auch ein Besuch bei mir nicht.

Ich wollte einfach nur schlafen und keine weiteren Verpflichtungen oder Termine haben. Dummerweise hatte ich nebenberuflich noch ein zweites Studium begonnen und so lernte ich im Büro in der Mittagspause und den Wochenenden für mein BWL Studium.

Freizeit? Null.
Erfüllung? Keine.
Zufriedenheit? Was ist das?

Mein Tag bestand aus Aufstehen, Stau, Büro, BWL lernen, Büro, Stau, auf dem Sofa einschlafen. Die nächste Klausur steht an. Lernen ohne Ende. Und so ganz nebenbei als Produktmanager eines internationalen Kosmetikkonzerns noch Meetings, Produktzyklen und Lancierungen wuppen.

Mein Leben rauschte drei Jahre lang an mir vorbei. Unaufhaltsam. Und ich bemerkte es nicht einmal, zumindest nicht bewusst. Ich war unzufrieden, unglücklich und fühlte mich gefangen. Ich war sogar so sehr im Alltag gefangen, dass ich gar nicht wusste, wie ich etwas ändern sollte. Ich wusste nur: ich hatte einfach keine Lust mehr, so zu leben. Genauer gesagt: Null Bock. Alles nervte mich an. Ich war müde, fertig und platt.

Meine Gedanken drehten sich damals nur darum, dass diese Phase irgendwann vorbei sein würde. In Zukunft würde alles anders. Vielleicht hätte ich damals eine andere Entscheidung treffen sollen. Aber irgendwann wird es besser. Irgendwann habe ich wieder mehr Freizeit, habe Zeit für meine Freunde, kann mich abends auf einen Drink im Biergarten oder Café treffen.
Wenn erstmal das Studium geschafft ist, dann...
Wenn ich erstmal wieder näher an den Job ziehe, dann...

Später, später, später. Na klar, später wird alles besser. Ganz von alleine. Auf magische Art und Weise. Ein trügerisches Wunschdenken, aber wir alle kennen diesen Selbstbetrug doch irgendwie. Später mache ich endlich diese Reise. Später nehme ich mir mal 3 Monate eine Auszeit vom Job. Später.

Da du dieses Buch liest, geht es dir vielleicht ähnlich und du hast das Gefühl, nicht ganz im Hier und Jetzt zu sein.

Entweder mit den Gedanken in der Vergangenheit zu hängen oder bereits in der Zukunft zu sein. Und damit verpasst du das Beste, was dir passieren kann: dieser Moment.

Du fragst dich jetzt vielleicht: Warum soll ich im Hier und Jetzt sein? Was ist daran so erstrebenswert?

Ganz einfach: Weil jetzt die geilste Zeit in deinem Leben ist! Oder du sie zumindest dazu machen kannst, wenn du endlich aufwachst und dem Autopiloten das Steuer entreißt.

Lebe selbstbestimmt! Lass dich nicht vom Autopiloten leiten und laufe nicht nur anderen hinterher. Sei nicht wie alle anderen, sei du! Sei einzigartig. Du musst niemandem Rechenschaft ablegen, du kannst sein und leben, wie du möchtest. Du musst dich nicht vergleichen. Und du kannst jeden Tag ein bisschen besser sein, als am Tag zuvor.

Und genau dabei möchten wir, Svea & Lasse, dir helfen und dir ein paar Möglichkeiten an die Hand geben, um aufzuwachen. Fühle dich von uns an den Schultern gepackt und liebevoll geschüttelt: Du hast ein grandioses Leben, also nutze es voll aus!

Wir haben heutzutage alle Möglichkeiten, unser Leben zu gestalten. Stattdessen betäuben wir uns mit TV, packen unseren Tag bis zur letzten Minute voll und bemerken manchmal kaum, wie wir langsam untergehen.

Wir schützen uns, indem wir auf Autopilot schalten und funktionieren.

Vielleicht kommt dir das folgende Szenario ein bisschen bekannt vor:

Dein Wecker klingelt. Du drückst vollkommen automatisch die Schlummer-Taste und versuchst irgendwie wacher zu werden. Du träumst vor dich hin und bemerkst gar nicht, wie schnell eine halbe Stunde an dir vorbeizieht und du plötzlich erschrocken und panisch auf die Uhr schaust: „Oh Gott, ich habe verschlafen" oder „Wieso ist es schon so spät?" Hektisch springst du aus dem Bett und in die Dusche.

Dann setzen die Gedanken des Alltags ein: Du musst heute die Kinder zur Schule bringen. Beim Arzt ein Rezept abholen. Hast ein wichtiges Meeting. Und eine Deadline für dein Projekt. Eingekauft hat auch noch keiner. Und hattest du nicht schon vor Tagen versprochen, deine Mutter zurückzurufen?

Auf Autopilot greifst du zum Duschgel, steigst aus der Dusche, putzt dir die Zähne und ziehst dich an. Deine Gedanken kreisen um die bevorstehende Arbeit und plötzlich erinnerst du dich an das Streitgespräch mit deinem Kollegen vom Vortag. Automatisch kommt erneut der Ärger in dir hoch und du hättest nicht übel Lust, heute nicht ins Büro zu fahren.
Doch die Vernunft siegt und die Abhängigkeit vom Geld deines Arbeitgebers lässt dich innerlich kurz

verzweifeln.

Abgelenkt wirst du vom Pingen deines Handys: WhatsApp Messages lassen grüßen. Während du die Kaffeemaschine anschaltest, überfliegst du kurz die neuen E-Mails. Schnell bereitest du deinen Kindern das Frühstück zu, während du deiner Tochter bei der Suche nach ihren Sportschuhen hilfst. Du drückst deinem Sohn die Frühstücksbox in die Hand und schnappst deine Autoschlüssel, die ausnahmsweise mal an ihrem Platz liegen.

Also kommst du mal wieder 10 Minuten später als geplant aus dem Haus und isst aus Zeitgründen dein Brötchen unterwegs im Auto. Du fährst auf den Parkplatz deines Büros und kannst dich gar nicht mehr an daran erinnern, wie du hierhergekommen bist – der Autopilot hat erfolgreich übernommen.

Irgendwie hast du es noch gerade so geschafft, rechtzeitig im Büro anzukommen und hier geht der Stress gleich weiter. Dein Postfach quillt über vor neuen E-Mails, Kollegen bedrängen dich mit Fragen, ein Problem mit einem Kunden ist aufgetreten, ein Fehler von vor über einem halben Jahr fällt dir auf die Füße und du schaffst weder deine Pause noch ein ruhiges Mittagessen.

Wenn du nach diesem stressigen Arbeitstag nach Hause kommst, bist du einfach nur erschöpft und hast keine Energie für einen entspannten Abend mit deiner Familie.

Die Geschichten deiner Kinder rauschen an dir vorbei und du bemühst dich, auf sie einzugehen. Auch Hobbys oder Treffen mit Freunden können dich aktuell nur semi-begeistern. Stattdessen schaltest du einfach den Fernseher an und gönnst dir ein wenig Ablenkung, bevor du zu Bett gehst.

Sicherlich mag dieser Ablauf nicht zu einhundert Prozent mit deinem übereinstimmen. Dennoch werden dir die einen oder anderen Aspekte sicherlich bekannt vorkommen. Du kennst bestimmt auch die Frustration, die Anspannung, den Stress, die Sorgen und die körperliche sowie geistige Erschöpfung des Alltags. Leider ist unser Alltag immer mehr mit solchen Szenarien behaftet und die wirklich wichtigen Dinge des Lebens kommen einfach viel zu kurz.

Und natürlich hat dieser Lebensstil auf Dauer nicht nur körperliche Folgen. Auch psychisch steht eine große Belastung im Raum. Vielleicht stellst du dir sogar des Öfteren die Fragen: „War das schon alles in meinem Leben?" oder „Bin ich eigentlich glücklich und zufrieden, so wie es jetzt ist?"
Das ist nur mehr als verständlich. Doch die gute Nachricht ist: Du hast dein eigenes Glück in deiner Hand! **YEAH!**

2. IN 9 MINUTEN ZU DEINEM BESTEN LEBEN

*„Probier's mal mit Gemütlichkeit,
mit Ruhe und Gemütlichkeit jagst du den Alltag und die Sorgen weg".
- Balu der Bär -*

DEIN LEBEN RAUSCHT AN DIR VORBEI – DER NEGATIVE EFFEKT EINES NICHT BEWUSSTEN LEBENS

Leider kann der eben beschriebene unbewusste Tagesablauf einen schlimmen Teufelskreis aus Stress, betäubenden Ablenkungen und Monotonie im Alltag mit sich bringen. Die perfekte Basis für ein nicht bewusstes Leben auf Autopilot ist geschaffen. Der Grund hierfür sind oftmals sich langsam einschleichende schlechte Gewohnheiten und negative Gedanken. Es bleibt nicht aus, dass dies zu unglücklichen und auslaugenden Emotionen bis hin zu Frustration oder Anfängen von Depression führt.

Oft vergessen wir sogar, unseren wahren Wert und die wirklich wichtigen Aspekte im Leben zu erkennen und zu schätzen.
Wir gehen tagein, tagaus unserem gewohnten und alltäglichen Tagesablauf nach und können glückliche Momente gar nicht mehr voll und ganz wahrnehmen – geschweige denn, uns ein Leben in Balance, Freude und Gelassenheit vorstellen. Ein Leben, in dem wir Glück und Zufriedenheit spüren. Ein Leben, dass das Gefühl zulässt, einfach mal Zeit zu haben. Zeit für die Menschen, die wir lieben, für Hobbys, für uns. Auch ein Leben im Hier und Jetzt rückt in immer weitere Ferne.

Und überhaupt: Bin ich es eigentlich wert, glücklich zu sein? Ein unbewusster Gedanke, der leider vielen Menschen im Kopf herumschwirrt.

Oft klammern wir uns an die Vergangenheit und spüren Reue, Wut oder Sorge. Ebenso sorgenvoll wird auch die Zukunft betrachtet und eine Möglichkeit, aus diesem eintönigen und nervenzehrenden Kreislauf zu entrinnen wirkt zunehmend unrealistisch. Das Einzige, was uns zum jetzigen Zeitpunkt bewusst ist, ist das gestresste Gefühl. Das Unwohlsein. Die Unzufriedenheit. Was wir aber an dieser Stelle vergessen, ist zu schauen, was wir momentan tun können. Denn du kannst IMMER etwas ändern. Immer.

Was sind unsere Möglichkeiten? Wo liegen unsere Stärken? Und vor allem: Wie kann ich mein derzeitiges Leben so gestalten, dass ich glücklich und im Einklang mit mir selbst bin?

Es ist wichtig, sich nicht zu sehr auf die Vergangenheit oder Zukunft zu versteifen, um im Moment zu sein. Ich weiß, ich weiß, das klingt sehr philosophisch. Damit hat es allerdings rein gar nichts zu tun. Es ist grundsätzlich aber nichts dramatisch, wenn du bisher mit dem Thema „Achtsamkeit" und einem Leben im Hier und Jetzt nichts anfangen konntest. Und keine Sorge: Du bist auch nicht alleine mit dem Gefühl, dass dein Leben irgendwie an dir vorbeirauscht. Dass du gar nicht mehr weißt, was du vorgestern eigentlich gemacht hast oder was seit dem letzten Silvester passiert ist (What? Wir haben schon wieder März? Wann ist das denn passiert??), weil einfach ein Tag wie der andere erscheint. Unspektakulär. Gehetzt. Du stehst morgens auf, funktionierst und zack - ist der Tag vorbei.

Auch hier Entwarnung: Den meisten von uns geht es irgendwann einmal so. Ein unbewusstes Leben ist in unserer heutigen Gesellschaft schon fast zur Normalität geworden und gehört irgendwie dazu. Es ist also keine Charakterschwäche, Einbildung oder Übersensibilität deinerseits. Im Gegenteil, es ist eine Folge und Mischung aus Erschöpfung, Vergangenheitsbewältigung, Monotonie, Arbeitsstress und Zukunftsangst.

Es gab eine Zeit, da konntest du dich komplett in etwas verlieren. Stundenlang an etwas basteln, ohne das gehetzte Gefühl zu verspüren, keine Zeit zu haben.

Du bist durch den Regen gelaufen und in Pfützen gesprungen, ohne sofort an die Folgen zu denken. In diesem Moment, genau JETZT, hat es einfach gigantisch viel Spaß gemacht – und es MUSSTE einfach sein. Und wenn es geschneit hat, hast du dich in den Schnee geschmissen – denn dieser Schnee-Engel musste unbedingt JETZT gemacht werden. Die Sandburg musste JETZT gebaut werden – und im nächsten Moment bist du mit den Füßen wieder reingesprungen.

Die Erwachsenen haben dann vielleicht fragend geguckt , warum du erst eine so hübsche Sandburg baust, nur, um sie dann wieder zu zerstören...tja, als Kind hatten wir noch nicht den Drang, etwas für die Ewigkeit zu erschaffen. Wir hatten einfach Spaß daran, IM MOMENT zu leben. Und im nächsten Moment haben wir etwas anderes gemacht, in das wir dann ganz vertieft waren. Da wurde nicht lange überlegt, geplant, nachgedacht, abgewogen.

Wir haben gestaunt, wenn wir den riesigen Löwen im Zoo gesehen haben und haben noch Tage später Geschichten davon erzählt. Wir haben vor lauter Begeisterung vergessen, dass wir eigentlich zum Abendessen hätten Zuhause sein müssen, weil wir uns im Bauen unseres Baumhauses verloren haben.

Unsere Zunge guckte aus dem Mundwinkel heraus, weil wir so vertieft darin waren, im Malbuch innerhalb der Linien zu malen.

Wann ging uns das verloren? Der Grund ist schnell gefunden: Kleine Kinder leben durch und durch im Moment. Sie haben noch kein wirkliches Konzept von Zeit, von morgen und von Folgen. Es spielt keine Rolle, ob das Hier und Jetzt nun Gutes oder Schlechtes mit sich bringt. Sie nehmen nur aktuelle Aspekte wahr und handeln danach.

Da wird im Supermarkt auf dem Boden herumgerollt und theatralisch geschrien, wenn es die Schokolade nicht gibt. Egal, ob es hinten auf dem Fahrrad im Fahrradsitz sitzt oder an einer lauten Baustelle vorbeigetragen wird: wenn es müde ist, schläft das Kind. Und wenn es enttäuscht ist, wird halt mal geweint. Und es ist dem Kind erstmal völlig egal, wer es sieht oder was andere in dem Moment denken.
Nur wenige Dinge halten kleine Kinder davon ab, ihre Reaktion im bewussten Moment zu zeigen. Dies ist dann gegeben, wenn die Bezugsperson dauerhaft und konsequent das Verhalten des Kindes auf ein gesellschaftskonformes Muster anpasst. Auch Erziehung genannt. Angepasst sein an die Gesellschaft. Erwartungen entsprechen. Willkommen im Gesellschaftsspiel.

WER BITTE SCHÖN IST DENN DIESER POSITIV?

Zugegeben, in den letzten hunderten Millionen von Jahren haben wir uns ganz schön weiterentwickelt. Aber auch unsere Vorfahren mussten feststellen, dass sie den Fängen des alltäglichen Lebens ausgeliefert waren und hierfür Lösungen finden mussten.
Damals wie heutzutage herrschte eine eher pessimistische Sichtweise gegenüber allem vor, was zur damaligen Zeit des Überlebenskampfes jedoch auch Sinn machte. Noch heute sehen wir oftmals nur das Schlechte im Leben, und das, obwohl wir nicht denselben Lebensumständen wie unsere Vorfahren ausgesetzt sind. Dennoch können wir Parallelen ziehen.

Den Auftakt hierfür geben die modernen Medien und Technologien. Mit den negativ behafteten und rund um die Uhr erscheinenden Nachrichten im Radio und Fernsehen, der Werbung und den aktuellen Ereignissen in der Welt werden unterbewusst Sorgen, Wut, Hass und Ängste geschürt. Unser Unterbewusstsein wird Jahr um Jahr darauf trainiert, sich auf die negativen Dinge des Lebens zu fokussieren.

Denk einfach mal zurück an die Schulzeit: was wurde beim Diktat oder in der Mathearbeit dick und rot hervorgehoben? Genau: alles, was falsch war.

Wäre es nicht schön, wenn für Kinder in einer schönen Farbe hervorgehoben würde, was sie alles richtig gemacht haben?

Wann wirst du im Büro normalerweise beim Vorgesetzten zum Gespräch gerufen? Genau: wenn irgendwo was schief gelaufen ist, ein Fehler passierte oder etwas nicht so ausgeführt wurde, wie es erwartet wurde. Wäre es nicht schön, wenn du einfach mal für ein 5-minütiges Gespräch hineingerufen würdest, in dem dein Boss dir aufrichtig für das grandiose Projekt dankt? Dir erzählt, wie du ihm oder dem Unternehmen damit weitergeholfen hast – sei es durch einen besseren Auftritt der Homepage, zufriedenere Kunden an der Hotline, eine Umsatzsteigerung oder einfach dafür, dass du ihm den Rücken freigehalten hast?

Er dich fragt, wie es dir geht, was du dabei gelernt hast, was du daraus mitnimmst und wie er dich noch besser unterstützen kann?

Leider ist es in unserer Gesellschaft normal, dass sich alle eher auf das Negative fokussieren und auch oft nur dieses adressieren. Es fällt uns scheinbar leichter, auszusprechen, was uns stört als das hervorzuheben, was einfach wunderbar ist.

Dein Unterbewusstsein ist also von jungen Jahren an darauf trainiert worden, das Negative herauszufiltern.
Das Negative als Normalität anzusehen.
Dem Negativen mehr Bedeutung beizumessen.

Denn wenn du mal ganz ehrlich überlegst – was beschäftigt dich länger? Ein positiver oder ein negativer Kommentar? Meistens ist die Freude über einen positiven Kommentar viel kürzer als der Ärger über einen Negativen. Wir schleppen dieses Gefühl oft mit durch den ganzen Tag... mit nach Hause... mit ins Bett. Und das bleibt nicht ohne Folgen. Langsam aber sicher schleichen sich Gedanken und negative Erwartungen bei dir ein. Und das eigentlich Vertrackte daran ist: sie haben die Tendenz, ins Unermessliche zu wachsen. Irrational? Definitiv, aber leicht erklärbar – da war doch was mit unseren Vorfahren vor zig Millionen Jahren?

Genau: Es war damals überlebenswichtig, dass unsere Vorfahren viel stärker auf gefährliche (negative) Gegebenheiten achteten als auf entspannte (positive) Situationen. Entsprechend stärker fiel auch ihre Reaktion aus – und es war sicher kein Spaß, jeden Tag damit rechnen zu müssen, von einem Säbelzahntiger attackiert zu werden. Im Gegensatz zu heute waren die Reaktionen des zentralen Nervensystems überlebenswichtig – doch leider reagiert es heutzutage noch ähnlich intensiv. Statt Säbelzahntiger begleiten uns heute Angst, Sorgen, Kopfkino und Zweifel durch unseren Alltag.

Ich, Lasse, bin überzeugt, dass sich heutzutage kaum jemand vom Kopfkino freimachen kann. Es ist eins der häufigsten Hindernisse, die uns tagelang beschäftigen können – über die Erschöpfung bis hin zur völligen Blockade. Aus einer Nichtigkeit entsteht plötzlich ein riesiges Hindernis und wir können uns kaum vorstellen, aus diesem Kreislauf jemals wieder herauszukommen.

DARF ICH VORSTELLEN: DAS AUSGEWACHSENE GEDANKENKARUSSEL

Bin ich im Job gut genug?

Kann ich überhaupt irgendwas so richtig gut?

Bin ich erfolgreich genug?

Bin ich glücklich?

Findet mein Partner mich noch attraktiv?

Wachsen meine Kinder in einer sicheren Zeit auf?

Bekomme ich noch die gesetzliche Rente?

Geht mein Partner fremd?

Wird mein Partner mich irgendwann verlassen?

Werde ich im Alter einsam sein?

Werde ich überfallen?

Wird mein Flugzeug abstürzen?

Stehen wir kurz vor dem 3. Weltkrieg?

Wird mein Gehirn von Zombies gefressen?

Ich, Lasse, selber kenne dieses Kopfkino nur zu gut. Was damals als kleine Serie anfing, hatte sich zwischenzeitlich zu einem ausgewachsenen

Blockbuster-Mehrteiler entwickelt. Mit rotem Teppich, Fanfaren und After-Show-Party.

Es fing damit an, dass ich als Kind auf der Kirmes in wirklich jedes Karussell ging. Bis es irgendwann immer weniger wurden, in die ich mich hineintraute. Was, wenn die Gondel abfällt? Was, wenn die Sicherheitsbügel plötzlich aufgehen? Was, wenn sich ein paar Schrauben lösen?

Ergebnis: ich gehe, seitdem ich 16 bin, nur noch in 4 sehr gut ausgewählte Karussells (und nein, Babyflug gehört nicht dazu).

Dann kam die Phase mit den Zombies. Sobald ich alleine im Bett lag, kam die Angst vor Zombies hoch.

Irrational, ich weiß – aber diese Gewissheit hilft in dem Moment trotzdem nicht weiter. Es gab Wochen, da schlief ich ausschließlich mit Licht oder laufendem TV (um mir etwas „Normalität" vorzuspielen – man beachte die Ironie) und jedes Geräusch paralysierte mich. Ich lag stocksteif im Bett und erst gegen Morgengrauen ließ die Angst langsam nach und ich konnte mit beginnendem Vogelgezwitscher einschlafen. Und zur der Zeit gab es noch nicht einmal The Walking Dead!

In jeder Partnerschaft kam ich irgendwann an den Punkt, mich mit allem, was mich ausmachte, anzuzweifeln. Was sah meine Partnerin in mir? Was konnte ich ihr schon bieten? Was liebt sie eigentlich

an mir – und was ist überhaupt an mir liebenswert? Bin ich zu langweilig? Kann ich sie noch begeistern, überraschen, bezaubern?
Wann ist „endlich" der Moment, in dem sie sich von mir trennt oder mir eine Affäre gesteht – damit ich „endlich" die Bestätigung bekomme, dass ich die ganze Zeit Recht hatte? Es war fast schon eine erleichternde Vorstellung, so abstrus sich das jetzt anhört. Aber Kopfkino ist ja nie wirklich rational.

Und zum Schluss mein Highlight: Fliegen. Ich bin beruflich schon immer viel geflogen und auch privat bin ich fast nur unterwegs – ein Reisender aus Leidenschaft. Wenn da nicht das Fliegen wäre!

Schon als Kind bin ich viel geflogen und ich habe es eigentlich nicht wirklich als bedrohlich wahrgenommen. Mit ca. 16 Jahren entwickelte sich plötzlich eine Flugangst, die immer extremer wurde. Einige Jahre vermied ich das Fliegen komplett, aber das konnte nicht die Lösung sein. Auch Hypnose oder Therapien waren nicht wirklich erfolgreich. Ich war im Flugzeug wie versteinert, musste immer am Fenster sitzen und rausstarren, damit ich die erste war, die mitbekam, wenn wir abstürzten.

Was auch immer mir diese glorreiche Information in dem Moment genutzt hätte. Ich wollte mich auch nicht durch liebe Menschen, die mir helfen wollten, durch ein interessantes Gespräch ablenken lassen. Ich wollte mich einfach auf das tragische Ereignis fokussieren – denn das gab mir ironischerweise

Sicherheit.

Ach ja, noch was: plötzlich hatte ich tatsächlich Sorgen vor Tsunamis, wenn ich auf einer Insel war. Ich informierte mich vorher zu den Tsunami-Informationssystemen und googelte die Wahrscheinlichkeit eines Tsunamis für meine jeweilige Insel. Ich weiß, selbst in meinen Ohren klingt diese Entwicklung langsam, naja, eskalierend...

Ich schätze, dass du dich vielleicht mit einigen dieser Themen grob auskennst oder diesen sich immer weiter hochschraubenden, irrationalen Gedankengang zumindest nachvollziehen kannst – wenn vielleicht auch mit deinen ganz eigenen Themen.
Aber du verstehst das Muster: der Fokus auf negative Faktoren intensivierte sich - nach und nach kamen mir viele Lebensbereiche beängstigend, sinnlos, haltlos oder anstrengend vor. Ich war dabei aber kein Trauerkloß! Ich lebte einfach mein Leben MIT meinen Sorgen, Zweifeln und Ängsten, die mal stärker, mal schwächer das Kommando übernahmen. Sie waren ja nicht ständig da, aber in manchen Momenten spürte ich sie einfach.

Es wurde für mich zur Normalität, mir hin und wieder die abstrusesten Sorgen zu machen.

Das Interessante ist ja: Ich hatte keine einzige dieser oben genannten Situationen jemals erlebt. Weder bin ich mit einer Karussell-Gondel durch einen Freizeitpark geflogen, ich bin nie von einem Zombie ausgesaugt worden und bisher war auch jeder meiner zig hundert Flüge bis auf ein paar Wackler völlig ok. Niemand in meinem Bekanntenkreis hatte schlimme Erfahrungen in diesen Bereichen, die ich auf mich hätte übertragen können. Es waren ganz einfach Entwicklungen, die sich durch eine unachtsame Art zu Leben und die frühe, oft unbewusste Aufnahme negativer Informationen eingeschliffen hatten.

Und irgendwann entschied ich, dass es nun Zeit ist, diesen Ängsten liebevoll entgegenzutreten. Nicht gegen sie anzukämpfen, denn das funktioniert nicht. Sondern mir mit bewährten Techniken ein neues, geiles Leben zu erschaffen.

MEDIEN & CO: ERREICHBARKEIT 24/7 – ABER ZACKIG

Erschwerend kommen auch noch die modernen Multi-Media-Geräte hinzu. Unsere Tablets, Smartphones und Laptops stehen nicht still und wir müssen (und wollen) zu jeder Zeit und an jedem Ort erreichbar sein für Familie, Freunde und Job.

Noch dazu werden wir jetzt nicht mehr um 20 Uhr von den Nachrichten über die 10 dramatischsten Geschehnisse des Tages informiert, sondern wir erhalten 24/7 Zugang zu den schlimmsten News aus aller Welt. Wen interessiert da noch, welche grandiosen Erfindungen jedes Jahr gemacht werden, die eine große Auswirkung auf eine positive Zukunft haben können? Wer weiß schon, dass vor allem viele junge Menschen in den letzten Monaten unglaubliche Erfindungen ans Licht der Welt gebracht haben, die unsere Welt ein bisschen besser machen?

Erfindungen, die aus Unmengen von umweltschädlichem Styropor Aktivkohlefilter machen? Maschinerien, die den Ozean von unserem Plastikmüll befreien?

Positive Nachrichten bleiben nicht halb so lange im Gedächtnis und rufen nicht die intensive Reaktion in der Gesellschaft hervor wie Negative – und das macht sich die Industrie hervorragend zu Nutze.

Ausgelöst wird dieser Druck der ständigen Erreichbarkeit aber nicht nur von den Medien. Auch die Gesellschaft tut ihr Übriges. Wir alle erwarten, dass auf eine WhatsApp innerhalb kürzester Zeit geantwortet wird. Wenn schon nicht ausführlich, dann doch zumindest mit einem Smiley.

Wer nicht innerhalb von 24 Stunden auf eine E-Mail antwortet, bekommt eine Erinnerungs-Mail oder es wird direkt hinterhertelefoniert, ob die Mail angekommen ist. Hast du ein Firmenhandy, wird oft erwartet, dass du auch Zuhause erreichbar und abends noch kurz E-Mails checkst. Willkommen im Stress.

Die gute Nachricht: Es gibt Möglichkeiten, um diesem

Teufelskreis zu entkommen. Hierfür solltest du dich einfach voll und ganz einmal auf etwas Neues einlassen. Du brauchst nicht viel Zeit und nervige wissenschaftliche Ausarbeitungen zu durchforsten, um deinem Leben den Anstoß zum Glück zu geben. Mit ein paar Tricks und Tipps gelingt es auch dir achtsamer, selbstbewusster, gesünder, gelassener und schlussendlich auch glücklicher zu leben.

Ach ja, und dazu gehört nicht, dass du jeden Morgen der Zahnpasta danken musst, dass sie deinen Mundgeruch vertreibt. Oder dass du 1 Stunde meditieren, 1 Stunde Yoga machen und 1 Stunde Tagebuch führen musst. Nope. Wir wollen dir den Stress ja nehmen und keinen Neuen heranzüchten. Dazu ist es aber wichtig, dass du dir einiger Dinge bewusst wirst, die einem achtsameren und entspannteren Leben im Weg stehen.
Die unbewusste Aufnahme von negativen Informationen und die ständige Erreichbarkeit haben wir dir gerade vor Augen geführt, aber es gibt noch mehrere Faktoren:

VERGLEICHE DICH – UND DU HAST SCHON VERLOREN

Vergleiche sind so ziemlich das Schlimmste, was es gibt, denn du kannst nur verlieren. Es gibt immer irgendwo irgendjemanden, der besser, attraktiver, schlanker, witziger, abenteuerlustiger, interessanter, eloquenter, erfolgreicher, wohlhabender, zufriedener, glücklicher, sportlicher, gelassener, faszinierender, belesener, kreativer, was auch immer ist.

In unserer Gesellschaft werden wir daran gemessen, wer gut performt. Nein, eher daran, wer besser performt! Seit der Schulzeit werden wir verglichen. Ist es nicht wirklich schräg, dass wir sogar schon unsere Kinder vergleichen? Wer macht die meisten Fehler, wer lernt am schnellsten schreiben oder lesen, wer ist am Artigsten, wer passt in der Schule am besten auf? Ist es dein Ziel im Leben, dagegen anzugehen? Deine wertvolle Zeit damit zu verbringen, diesen Faktoren hinterherzulaufen? In Frust zu versinken, weil du nicht so oder so bist oder dieses und jenes kannst?

Es gibt dieses sehr schöne Bild einer Tierschule. Ein Affenkind, ein Vogelkind, ein Fischkind, ein Giraffenkind und ein Löwenkind sitzen gemeinsam in der Schule. Der Lehrer stellt nun die Aufgabe: „So, jetzt klettert ihr alle mal auf den höchsten Baum und zeigt, was ihr könnt!".

Für das kleine Affenkind ist das natürlich überhaupt kein Problem und auch das Vogelkind wird wohl oben am Baum ankommen – auch, wenn es nicht wie angegeben klettern wird. Das Löwenkind kommt vielleicht auf die ersten Äste. Aber wie werden sich wohl das Fischkind und das Giraffenkind fühlen? Sie werden denken: ich bin nicht gut genug! Ich kann nicht klettern, also bin ich nicht so gut wie die anderen.

Immer dieser unbewusste oder manchmal auch bewusste Gedanke: Ich bin nicht gut genug! Unsinn, wer hat dir sowas eingeredet? Kein Kind denkt (normalerweise) so etwas! Zumindest nicht, wenn ihm diese Lebenseinstellung nicht Zuhause vorgelebt oder eingeredet wird.

Zu Beginn meines (Sveas) Berufslebens war es für mich das Wichtigste, einen perfekten Lebenslauf zu haben. Weltbekannte große Unternehmensnamen, gehobene Positionen im Management, immer mehr Gehalt. Und bloß keine unerklärliche Pause zwischen zwei Jobwechseln. Es musste perfekt sein, denn wie sollte ich sonst zwischen all den anderen Überflieger-Bewerbern bestehen? Wie sollte ich herausstechen?
Die Frage, die ich mir damals eigentlich hätte stellen sollen ist: woraus sollte ich herausstechen?
Aus einer Masse, die gleich ist, da alle dem gleichen Ideal verfallen sind?

Ich wusste nicht einmal, ob es wirklich das ist, was ich eigentlich wollte – ich habe mir nie ernsthaft Gedanken darüber gemacht. Ich habe das gemacht, was alle gemacht haben. Ich musste und wollte vergleichbar sein. Das war normal. Anstatt ehrlich zu mir zu sein und hinzuschauen, was ich wirklich möchte. Wie ich leben möchte. Was ich vom Leben erwarte – und wie ich es selbstbestimmt erreiche.

Stattdessen gab ich mich jahrelang dem Stress hin (wenn auch unbewusst), mich zu vergleichen und zum Ergebnis zu kommen: ich bin nicht gut genug. Eigentlich kann ich nichts wirklich gut. Ich habe 2 Studiengänge hinter mir, bei einigen der bekanntesten Unternehmen im Marketing und Produktmanagement gearbeitet – aber ich war nicht gut genug. Willkommen in der garantierten Abwärtsspirale Richtung Zweifel, Frustration und Unzufriedenheit.

JEDER KÄMPFT FÜR SICH

Ich, Svea, habe gerade ein Video auf Facebook gesehen, dass mich direkt begeistert hat. Es zeigte das sehr achtsame Leben in Japan – und zwar nicht nur auf sich selber bezogen, sondern auf jeden Menschen. Natürlich gibt es auch hier Ausnahmen und es ist nicht alles rosig.

In der japanischen Kultur wird sehr viel und hart gearbeitet und viele Menschen leben auf engstem Raum.

Doch gerade deshalb ist es üblich, Rücksicht auf andere zu nehmen. So ist es keine Seltenheit, dass der eine oder andere Japaner in der Straßenbahn ein Schläfchen hält, weil es dort einfach ruhig ist.
Die Straßen sind sauber, weil niemand einfach Müll auf den Boden schmeißt. Selbst in vollen und lebhaften Cafés kann man sein Handy oder Laptop auf dem Tisch liegen lassen, ohne dass es geklaut wird. Man kann sein Fahrrad vor dem Café abstellen

und jeder könnte einfach damit weglaufen – es tut aber keiner.

Oft kann man sogar geparkte Motorroller finden, in denen noch der Schlüssel steckt – weil niemand auf die Idee käme, ihn mitzunehmen. Auf der Rolltreppe ist es normal, dass man sich auf eine Seite stellt, damit alle anderen, die es eiliger haben, vorbeigehen können.

Sicherlich ist auch dort einiges im argen, aber alleine diese kleinen Beispiele zeigen, wie Achtsamkeit nicht nur das eigene Leben, sondern auch das Leben um dich herum zum Positiven beeinflussen kann. Anstatt dass jeder nur auf sich achtet, nehmen alle ein bisschen Rücksicht auf die anderen und machen ihnen somit das Leben ein kleines bisschen leichter – und vielleicht sogar schöner.

DIES, DAS ODER JENES – SO VIELE MÖGLICHKEITEN

Diese Welt eröffnet uns alle Möglichkeiten – und genau das kann angsteinflößend, irritierend oder überfordernd sein. Wenn wir ehrlich sind, können wir heute alles sein, was wir wollen. Klar gibt es immer ein paar Einschränkungen, aber wenn wir ganz ganz ehrlich zu uns sind, wissen wir: es gibt für uns in dieser westlichen Welt kaum Einschränkungen. Wir leben weitestgehend frei, könnten sorgenfrei und selbstbestimmt durchs Leben gehen.

Doch gerade diese immensen und fast unendlichen Möglichkeiten lähmen uns oft. Analysis Paralysis ist eine meiner Lieblingsblockaden: ich könnte alles tun, machen und werden – wenn ich nur wüsste, was ich will. Übrigens auch ein wunderbares Buch von Barbara Sher. Die Möglichkeiten sind so vielfältig, dass es uns oft schwer fällt, überhaupt irgendeine davon zu ergreifen.

Heute gibt es so viele Möglichkeiten an Studien- und Ausbildungsgängen, jeden Tag entstehen neue Jobs in der virtuellen Welt, alles entwickelt sich in einem rasenden Tempo. Wir haben heute so viele Möglichkeiten wie nie zuvor, unser Leben zu designen...und scheitern oftmals genau daran.

Die Kunst ist es, dich von diesen überwältigenden Möglichkeiten nicht stressen zu lassen.

Hey, feiere das Leben! Feiere die Möglichkeiten, die dein Leben dir bietet! Und stürze dich neugierig hinein! Einfach mal machen. Was, wenn es gut wird?

LEBEN IN DER VERGANGENHEIT UND IN DER ZUKUNFT

Ehrlich gesagt weiß ich auch nicht genau, wie und wann das eigentlich passiert ist, aber unsere Gesellschaft hat sich irgendwann angewöhnt, nur noch in anderen Zeiten zu leben. Damit meine ich: entweder hängen wir mit den Gedanken in der Vergangenheit fest: „Früher war alles besser“, „Wenn ich damals den Job bekommen hätte, wäre ich jetzt schon Marketing Manager, hätte mehr Geld und nicht diese finanziellen Sorgen. Warum kann mal nichts so richtig klappen? Warum habe ich die Frage im Vorstellungsgespräch auch so komisch beantwortet? Es lag bestimmt daran", „Warum hat er mich verlassen? Wahrscheinlich war ich nicht interessant genug. Wenn ich attraktiver wäre, wäre er vielleicht bei mir geblieben", „Warum wurde ich nicht zu der Party eingeladen?".

Oder sind mit unseren Gedanken bereits in der Zukunft („Ich spare auf den Urlaub nächstes Jahr", „Wenn ich irgendwann mal Zeit habe, werde ich da endlich hinfahren", „Wenn ich den Job annehme, könnte ich in 3 Jahren Marketing Manager sein. Dann könnte ich endlich in eine größere Wohnung umziehen und auch etwas mehr Geld investieren", „"Ich muss nächste Woche unbedingt die Angebote raussenden, ansonsten suchen die Kunden sich einen anderen Lieferanten und mein Chef macht mir dir Hölle heiß ", „Wenn ich das Projekt nicht rechtzeitig abschließe, werde ich den Auftrag verlieren und dann muss ich neue Kunden finden").

Natürlich ist es normal und menschlich, sich über einige Dinge Gedanken zu machen, zu planen, zu reflektieren. Dies ist zum Zusammenleben in einer Gesellschaft auch notwendig, denn wir möchten hier ja nicht zur Ego-Anarchie aufrufen. Dennoch ist es wichtig, zu unterscheiden, ob man über Themen nachdenkt, die der Persönlichkeitsentwicklung positiv dienen und die dich weiterbringen – oder ob du dich in Themen verrennst und dich von ihnen in ein Gedankenkarussell entführen lässt, das dich gefangen hält. Glaube mir, diese negative Gedankenspirale ist endlos.

Interessanterweise ist sie auch viel machtvoller, als eine Positivspirale. Wir tendieren häufig dazu, uns intensiver vorzustellen, was alles schiefgehen kann oder schief gegangen ist, als an unsere Erfolge oder möglichen Erfolge zu denken. Dies läuft meistens unbewusst ab.

Diesen Zyklus kannst du unterbrechen, indem du ganz bewusst dagegen angehst und laut „STOP" sagst. Damit holst du dich erstmal aus diesem Karussell heraus und gibst dir somit ganz bewusst die Möglichkeit, freudigere Gedanken in dein Leben zu lassen. Mit Achtsamkeit geht halt so einiges besser ☺

LEBEN IM JETZT – WIE GEHT DAS BITTE?

Du fragst dich bestimmt, ob man das Leben generell im Hier und Jetzt leben kann. Meine (Sveas) persönliche Antwort darauf? Ja, das geht! Wenn ich das geschafft habe, dann schaffst du das auch. Blöder Satz, ich weiß. Hilft einem in gewissen Momenten auch echt nicht weiter, aber ich bin wirklich zu 100% von meinem Satz überzeugt: Wenn ich das geschafft habe, dann schaffst du das erst recht!

Denn deine Vergangenheit ist gelebt und auch die Zukunft ist noch nicht da. Also warum solltest du dir darüber Gedanken machen und die belastenden Schritte vor- und zurückgehen, bis du eine tiefe Furche hinterlässt?

Darüber hinaus haben viele Menschen auch Probleme damit, im Moment zu leben und sehen dies sogar als etwas Befremdliches und Nutzloses an. Im schlimmsten Falle werden Menschen, die sich auf sich selbst konzentrieren und die sich mit ihrem selbstbestimmten und derzeitigen Leben auseinandersetzen häufig diskreditiert oder schräg angesehen.

Löse dich also am besten von diesen Menschen, die den unrealistischen Idealen der modernen Welt hinterherlaufen und verhelfe dir zum Glück.

Auf diese Weise kannst du nicht nur deine Achtsamkeit, sondern auch deine Lebensfreude, Gesundheit und Gelassenheit steigern.

Dir werden jetzt bestimmt viele Fragen durch den Kopf gehen: Wie geht das eigentlich? Wie kann ich im Hier und Jetzt leben und meine Achtsamkeit steigern? Schließlich habe ich noch einen Job, muss mich um meine Kinder kümmern, habe einen Partner und und und. Ist es also wirklich machbar, dass ich im Moment leben und glücklich sein kann? Dass ich der Stress-Falle entkomme? Dem Gefühl, mich ständig rechtfertigen zu müssen? Es allen recht machen zu müssen? Mit mir zufrieden und glücklich bin? Entspannt erreiche, was ich möchte?

Ja, es ist möglich. Und das Schöne: Du kannst dies durch das tägliche Anwenden von kleinen Achtsamkeitsgewohnheiten erreichen. Du brauchst nur ein paar Minuten am Tag, und zwar genau **3 x 3 Minuten täglich**, um dich freizuschwimmen. Natürlich gibt es auch mal Tage und Momente im Leben, an denen es nicht möglich oder es einfach etwas schwieriger ist, sich diese paar Minuten zu gönnen. Das ist auch völlig in Ordnung. Wichtig ist trotzdem, dass du gerade zu Beginn Wert ein bisschen Ausdauer und Regelmäßigkeit mitbringst, damit sich einiges verfestigt. Warum, erkläre ich dir in einem folgenden Kapitel genauer. Stichwort: Autobahnen im Gehirn.

Etwas Achtsamkeit in dein Leben zu bringen bedeutet nicht, dass du dich damit wieder oder zusätzlich unter Druck setzen sollst. Ganz im Gegenteil: es soll dir mit Leichtigkeit von der Hand gehen. 3 Minuten morgens, 3 Minuten mittags und 3 Minuten abends. Das ist alles. Du wirst positivere Gedanken und Gewohnheiten entwickeln und mit der Zeit erkennen, was du wirklich im Leben willst und was du dir wert bist.

Ich möchte dir aber auch jetzt schon sagen, dass es nicht möglich ist, wirklich jeden einzelnen Moment im Leben bewusst und achtsam zu erleben. Du kannst es aber dennoch schaffen, wesentlich MEHR Momente wirklich zu genießen und weniger Stress in dein Leben zu lassen. Dein Leben unbeschwerter und glücklicher zu gestalten.

Stell es dir einfach so vor: Für jede einzelne Minute, die du mit einer Übung verbringst, schaffst du dir ein gewisses Pensum an innerem Frieden. Und diese innere Kraft wird dich durch schlechte und auch einmal stressige Augenblicke in deinem Leben leiten. Zudem wirst du feststellen, dass, je mehr du diese Achtsamkeitsübungen durchführst, weniger unachtsame und viel mehr achtsame Momente auftreten. Mit der Zeit wirst du es auch bemerken, wenn du einmal in die Unachtsamkeit abdriftest und alleine dieses bewusste Erkennen ist ein riesiger Schritt. Du erschaffst dir also einen eigenen und gesunden Lebensstil!

Wenn du einen achtsamen Lebensstil führst, wirst du fast automatisch erkennen, wenn du deine Umwelt einmal wieder ausblendest – und dieses Bewusstsein ist schon die halbe Miete. Du wirst alles um dich herum wahrnehmen und deinen Fokus auf deine Gedanken, Gefühle und Wahrnehmungen in diesem Augenblick konzentrieren. Du sensibilisierst dich und deinen Geist für das große Ganze und profitierst davon. Egal ob du deinen Abwasch machst, mit deinen Kindern spielst oder aber mit deinem Partner ein Gespräch führst - alles wird sich plötzlich so echt und direkt anfühlen und nicht mehr verschwommen an dir vorbeiziehen.

Aber zu Achtsamkeit gehört noch viel mehr: Das nicht verfrühte Verurteilen von Situationen, Gedanken oder Personen. Du lernst, wieder bei dir zu bleiben. Situationen, die dich früher vielleicht geärgert, gestresst oder genervt haben, in dem Moment einfach nur zu beobachten – ohne sie direkt zu bewerten. Ist das schwer? Ja, anfangs ganz sicher. Naja, sagen wir eher, es ist ungewohnt. Aber um etwas zu ändern, ist es notwendig, ein paar neue Wege zu gehen, die eigentlich gar nicht so kompliziert sind. Und es ist auch nicht schlimm, wenn es nicht sofort klappt oder du es nur ein paar Sekunden schaffst, diese spezielle Situation ohne Bewertung zu durchleben. Es ist ein Anfang!

Du lernst also, verschiedene Aspekte in deinem Leben wertzuschätzen und richtig einzusortieren.

Zudem lernst du dich auf diese Weise noch um ein Vielfaches besser kennen. Du kannst verschiedene Aspekte einmal mit einem gewissen Abstand betrachten, ohne direkt zu reagieren. Du wirst dir also deiner Selbst bewusst und spürst ganz genau, was gerade um dich herum passiert.

Du genießt den Augenblick, ohne dich an ihn zu klammern, wenn er einmal vorüber gehen sollte und ohne in ein Wunschdenken abzudriften – denn damit bist du ganz automatisch nicht mehr im Jetzt, sondern bereits gedanklich wieder in der Zukunft. Du wirst weniger Angst verspüren, wenn einmal schlechtere

Zeiten eintreten sollten und du wirst mit wesentlich weniger Stress, Zweifeln und Sorgen zu kämpfen haben, als vielleicht bisher.

Wie kannst du also dafür sorgen, dass Achtsamkeitsgewohnheiten am besten ihre Wirkung entfalten? Ganz einfach: Mit einer Routine. Und keine Sorge, wie bereits gesagt musst du dafür nicht jeden Tag 1 Stunde meditieren, 1 Stunde Yoga machen und 1 Stunde Affirmationen aufsagen und Tagebuch schreiben. Ohne Frage sind das ganz hervorragende Tools, um deinem Leben mehr Bewusstsein zu verschaffen, aber seien wir ehrlich: Wir alle haben unseren Alltag und unser Leben. Nicht jeder hat die Möglichkeit, jeden Tag 2-3 Stunden mit verschiedenen Übungen zu verbringen – obwohl wir wissen, dass sie extrem wirksam sind.

Oftmals können wir nicht einmal 1 Stunde oder 30 Minuten pro Tag in unseren Tagesablauf quetschen, ohne uns damit noch mehr Stress zu verursachen.

Denn was passiert automatisch, wenn du dir vornimmst, dich Tag für Tag 1 Stunde auszuklinken und diese Zeit nur für dich und deine Achtsamkeits-Routine zu nutzen? Du hältst vielleicht ein paar Tage durch...und dann passiert das Leben. Überstunden im Job, ein krankes Kind Zuhause, der Partner wünscht sich mehr Zeit mit dir etc. Du merkst, wie du Tag für Tag weniger Zeit für dein Vorhaben hast oder schiebst es Stunde für Stunde vor dir her. „Ich muss heute unbedingt noch meditieren!". „Ich muss nachher auf jeden Fall meine 30 Affirmationen aufschreiben und mehrmals aufsagen, aber wir haben schon 23.00 Uhr!". Statt Entspannung, Zufriedenheit und Entschleunigung verspürst du innere Unruhe, ein schlechtes Gewissen und evtl. sogar das Gefühl, schon wieder etwas nicht umgesetzt zu haben.

Genau das lassen wir aber gar nicht erst zu, denn wir möchten ja das Gegenteil erreichen.

Wir zeigen dir verschiedene Strategien, die dir dabei helfen, die Achtsamkeit easy in dein tägliches Leben zu integrieren. Dies mag zunächst trotzdem erst einmal herausfordernd auf dich wirken, aber wenn du dir einmal dein tägliches Leben anschaust, wirst du feststellen, dass du bereits einige unzählige Routinen selbst geschaffen hast.
Sei es hinsichtlich deiner Familie, Karriere oder deinen Hobbys. In jedem verschiedenen Lebensbereich gehst du deinem ganz eigenen Ablauf nach und handelst schon fast automatisch danach. So ähnlich wird es mit den Achtsamkeitsgewohnheiten auch sein.

Achtsamkeit ist nicht schwierig! Es ist unsere Chance, in diesem Leben der ständigen Erreichbarkeit voller Smartphones, Tablets, TV's und schlechten Nachrichten unser Wohlbefinden und unsere Gesundheit zu steigern und gelassener mit Stress umzugehen. Von der überbordenden Informationsflut den Sprung zu schaffen in das reale Jetzt. So ganz nebenbei ist das nicht nur respektvoll anderen

Menschen gegenüber, mit denen du gerade Zeit verbringst, während du in Gedanken eigentlich schon wieder ganz woanders bist, sondern es ist im ersten Schritt respektvoll DIR gegenüber. In dem nachfolgenden Kapitel möchte ich dir einige effektive Achtsamkeitsübungen mit auf den Weg geben, die du von jedem Ort aus durchführen kannst.

Und das Beste? Du benötigst nur **3x3 Minuten** am Tag, um diese Übungen durchzuführen. Wann du das tust, bleibt ganz dir selbst überlassen. Wichtig ist nur, dass du dich von Zeit zu Zeit daran erinnerst, die effektiven Gewohnheiten auch umzusetzen.

IN 9 MINUTEN ZUM GROßEN ERFOLG

Ich möchte dir nun zeigen, dass die praktischen und einfachen Achtsamkeitsübungen schnell und easy umzusetzen sind.
Sobald du ein Verständnis für die Techniken entwickelst, so wirst du dich viel besser selbst einschätzen können und auch die Anwendung erfolgt fast automatisch. Stell es dir ein bisschen wie ein leckeres Buffet vor: Du pickst dir einfach für morgens, mittags und abends genau die Übungen heraus, die zu dir passen und die du gerade brauchst. Die dir Spaß machen und die du leicht in deinen Tag integrieren kannst. Und wenn du morgens einmal nicht kannst, dann passen vielleicht diese 3 Minuten in den Nachmittag. Es gibt für jeden die passende Übung und das für jede Tageszeit.

Du wirst also immer zu dem wirklich gerade existierenden Augenblick gelangen und genau das wahrnehmen, was momentan passiert. Du kannst Achtsamkeit immer und überall anwenden und brauchst kein aufwändiges Equipment oder Ähnliches. Du musst dir dafür kein gesondertes Spezialzimmer einrichten und keine spezielle Multifunktionskleidung kaufen (außer, du möchtest dies und es hilft dir dabei). Ebenso brauchst du dich nicht für einige Stunden zu isolieren und musst nicht gläubig oder spirituell sein.

Um es mit Nike zu sagen: Just Do It!

Achtsamkeit macht nichts anderes, als dich darauf aufmerksam zu machen, dass du genau spürst und verstehst, was du gerade in diesem Moment machst. Zähne putzen, eine E-Mail schreiben, einen Apfel essen.
Nicht, was du morgen anziehen sollst, nicht, dass du gleich unbedingt noch einen Flug buchen musst, nicht, dass dich dein Kollege vor sechs Stunden echt genervt hat. Du wirst genau das ganz klar empfinden, was gerade in dieser Sekunde vor sich geht.

Nach und nach wirst du feststellen, dass es dir immer leichter fällt, dich für einige Sekunden ganz auf dich und das zu fokussieren, was du gerade tust, denkst, spürst, siehst, riechst. Und plötzlich stellst du fest, dass du es heute schon 10 Sekunden geschafft hast, bei dir zu bleiben. Oder sogar schon 1 Minute. Yay! High Five!

Die verschiedenen Achtsamkeitsübungen, die wir dir vorstellen möchten, kannst du ganz einfach in 9 Minuten pro Tag durchführen – am Stück oder aufgeteilt. Ganz, wie es dir am besten passt. Du musst dafür nichts an deinem gewohnten Tagesablauf umstellen, sondern kannst diese Übungen ganz einfach hier und da einfügen. Bei so ziemlich allen Dingen, die du am Tag eh durchführst.

Viele von den Achtsamkeitsgewohnheiten, die wir dir noch im nächsten Kapitel vorstellen möchten, wurden intensiv recherchiert und zeigen deutlich und anhand von psychologischen und physischen Studien ihre Wirksamkeit. „Mehr hilft mehr" ist nicht unbedingt immer die notwendige Herangehensweise. Manchmal reicht auch der altbekannte Satz: Weniger ist mehr – bzw. „weniger, dafür regelmäßig entfaltet auch seine Wirkung".

Bei einigen Anwendern von Achtsamkeit hatte sich des Weiteren herausgestellt, dass sie mit der Zeit wesentlich besser Schmerz und Frustration regulieren konnten und eine viel geringere Erholungszeit benötigten. Außerdem bemerkten sie auch bei ihrem Einschlaf-Prozess, dass sie sich abends besser entspannen konnten und in einen ruhigeren und damit auch erholsameren Schlaf fanden. Vorbei ist die Zeit des Einschlafens vor Erschöpfung oder Monotonie des Tages.

Wurden die Achtsamkeitsübungen am Tag

angewendet, so waren viele Anwender entspannter, fokussierter und emotional ausbalancierter. Zudem war auch das Zusammenleben innerhalb einer Partnerschaft und die allgemeine Sichtweise auf die Welt um einiges positiver als zuvor. Durch die Techniken wird das Erleben von alltäglichen und besonderen Ereignissen im Leben auch viel intensiver.

Du wirst durch die Anwendung der 3x3-Minuten-Achtsamkeit in deinem täglichen Leben beginnen, bewusster zu leben. Du wirst nicht mehr einfach nur deine tägliche Checkliste abarbeiten, sondern dich auch wieder an den kleinen Dinge erfreuen – wie damals als Kind.

Doch warum genau sind es ausgerechnet 3x3 Minuten? Na ja, damit du eine neue Gewohnheit in deinen Alltag integrieren kannst ist es wichtig, zunächst einmal langsam und entspannt zu beginnen. Schließlich ist das alltägliche Leben schon mit genügend Stress und Hektik verbunden und Achtsamkeit soll dir gut tun und dich nicht zusätzlich belasten.

Es ist wichtiger, die Achtsamkeit kürzer und dafür regelmäßig zu erleben, als dich 2x pro Woche je 1 Stunde zur Ruhe und zu einem bewussten Leben zu zwingen. Das Ziel ist es, das bewusste Leben und damit ER-leben in dein tägliches Leben zu integrieren. Ganz schön viel Leben in einem Satz, wissen wir. Aber genau darum geht es uns ja, denn was ist wichtiger als unser Leben?

Im dritten Kapitel möchten wir dir zeigen, was Achtsamkeitsgewohnheiten genau sind und wie du sie am besten in deinen Alltag integrieren und umsetzen kannst. Das Wichtigste ist vor allem, dass du gerade zu Beginn täglich daran denkst, sie zu machen.

Außerdem erfährst du, welche positiven Einflüsse diese besonderen Übungen auf dein Leben haben können und welchen Mehrwert Achtsamkeit für dich im Allgemeinen hat und wie sich diese neue gefundene Gewohnheit auf dein gesamtes soziales Leben auswirkt.

3. SO INTEGRIERST DU ACHTSAMKEIT EASY IN DEINEN ALLTAG

„Eines Tages oder Tag eins. Du entscheidest."
- Paulo Coelho -

WAS SIND ACHTSAMKEITSGEWOHNHEITEN?

Achtsamkeitsgewohnheiten sind im Grunde nichts anderes als besondere Routinen, die dir zu einem besseren Selbstwertgefühl, mehr Lebensfreude und Gesundheit verhelfen. Du kannst die Übungen für Achtsamkeit zu jeder Zeit und an jedem Ort durchführen. Genau dann, wann es dir gerade am besten passt.

Eine sehr einfache und trotzdem sehr effektive Übung, um Achtsamkeit nach und nach in deinen Alltag zu integrieren, ist folgende:

Du bist Zuhause, im Büro, im Café oder in einem Geschäft. Sieh dir deine Umgebung ganz genau an. Nimm dir ein paar Sekunden, um wirklich genau hinzuschauen. Jetzt suchst du dir einen Gegenstand aus, auf den du dich fokussierst.

Eine Wanduhr, die Kaffeetasse, die Pflanze auf dem Fensterbrett...ganz egal.

Du siehst zum Beispiel deine Uhr an und nimmst mit der Zeit immer mehr ihre Präsenz wahr. Das langsame und beruhigende Ticken kommt zum Vorschein und du bemerkst, wie sich dein Atem allmählich ruhig anpasst. Du siehst die Uhr nicht nur, sondern hörst und erlebst sie in diesem Augenblick. Schau dir die kleinen Eigenheiten an. Das Zifferblatt, das schon leicht vergilbt. Das Holz, das bereits ein paar kleine Macken hat. Der Zeiger, der sich langsam bewegt. Die Formen der Uhr: rund, eckig, geschwungen. Die Farbe: hellbraun, dunkelbraun, schwarz, lackiert, matt, gemasert.

Du kommst Stück für Stück deiner Umgebung näher und erlebst deine Umwelt mit der Zeit so, wie sie wirklich ist. Das Zwitschern der Vögel, das Surren des Laptops, das Rauschen des Meeres oder aber die Kühle des Windes auf deiner Haut. Alles fühlt sich wieder realer und greifbarer an. Und dies geschieht durch das langsame Heranführen deiner Sinne und dem achtsamen Umgang mit dir und deiner Umwelt. Ich möchte dir nun nachfolgend aufzeigen, wozu Achtsamkeit in der Lage ist und was sie alles erreichen kann.

Wir haben es schon mehrmals gesagt, aber es ist so grandios, dass wir dich gerne nochmal daran erinnern: Diese Gewohnheiten sind leicht umzusetzen und brauchen nicht viel Zeit – nur etwas Beständigkeit. Und trotzdem können sie eine unglaubliche Wirkung entfalten!

Lass dich darauf ein und wir zeigen dir, wie du diese Gewohnheiten in deinen Alltag einbauen kannst.

9 EFFEKTIVE AUSWIRKUNGEN ACHTSAMER GEWOHNHEITEN

Wir alle werden jeden Tag von Millionen Informationen überflutet. Unser Gehirn hat gelernt, dass wir nur überleben, wenn es sich nicht auf jede der Millionen Eindrücke konzentriert, sondern den Großteil aussortiert, in Schubladen steckt und beiseite schiebt. Nur die wichtigsten Eindrücke werden an unser Bewusstsein weitergeleitet.

So müssen wir uns nicht jeden Tag damit beschäftigen, dass unser Herz schlägt, sich unsere Zellen erneuern, das Blut den richtigen Weg durch unsere Adern findet, sich unsere Augenlider schließen und öffnen, wir ein- und ausatmen. Das alles funktioniert, ohne dass wir uns dessen bewusst sind.

Ebenso setzen wir ein Bein vor das andere, drehen den Kopf, wenn jemand nach uns ruft, schälen den Apfel und führen den Löffel zum Mund. Das alles läuft rein automatisch ab und wir sollten dem Gehirn dafür dankbar sein, dass es uns durch diese automatisierten Handlungen so viel Zeit für andere Dinge freischaufelt.

Allerdings passiert es dadurch auch, dass das Gehirn viele Dinge herausfiltert und automatisiert, die dann einfach an uns vorbeirauschen. Die wir gar nicht wirklich wahrnehmen. Die unwichtig werden.

Dazu kommen Stress, die Hektik des Alltags, Sorgen, Zweifel und zu viele Entscheidungsmöglichkeiten in unserer heutigen Welt, in der einfach alles möglich ist.

So ergeht es den Meisten von uns und genau hier kann dir die 3x3 Minuten Achtsamkeit helfen: Du lernst, den jeweiligen Augenblick wertzuschätzen. Zudem kann Achtsamkeit uns auch dabei helfen, ungesunde und belastende Gewohnheiten loszuwerden oder zu ändern. Du wirst nicht einfach nur reagieren, sondern kannst dir bewusst überlegen, wie du mit bestimmten Situationen umgehen möchtest. Achtsamkeit hat also viele Vorteile, die sich besonders auf diese Bereiche auswirken:

- Du reduzierst negative Gedanken und deren Intensität sowie Häufigkeit

- Du minimierst und entschleunigst Symptome

verschiedener Erkrankungen
- Du steigerst dein geistiges sowie körperliches Wohlbefinden

Aber schau dir nachfolgend einfach selber an, wie Achtsamkeit und achtsame Gewohnheiten dein Leben entscheidend verändern und verbessern können:

1. Achtsamkeit reduziert unnötige Grübeleien & negatives Kopfkino

Wir haben uns zu einer sehr kopflastigen Gesellschaft hin entwickelt. Wir versuchen, alles rational zu erklären und zu belegen. Die Folge davon ist, dass wir kaum noch auf unsere Intuition hören. Der Kopf hat in vielen Situationen eindeutig das Sagen und damit einher geht, dass wir oft zu hartnäckigen Grübeleien neigen, die uns den Schlaf rauben. Aber es geht noch einen Schritt weiter: wir verlieren uns in negativen Gedanken, die automatisch immer größer und größer werden und zack – sitzen wir in der ersten Reihe unseres eigenen Kopfkinos.

Kennst du das? Dein Partner ist heute abwesend mit dir umgegangen, hat nicht zurückgerufen und einige genervte Kommentare abgegeben. Erst warst du genervt, dann hast du dich geärgert… und jetzt liegst du seit zwei Stunden wach und analysierst eure Beziehung.

Du machst dir Sorgen, dass irgendetwas zwischen

euch nicht stimmt oder sich seine Gefühle zu dir geändert haben.

Auf einmal wird die Situation viel größer, als sie eigentlich wirklich ist, weil du alles direkt bewertest – und das meistens eher negativ als positiv. Irgendwie seltsam, oder? Das gleiche Prinzip kennst du aus anderen Lebensbereichen. Du grübelst über die Zukunft, verlierst dich in Situationen aus der Vergangenheit und bemerkst dabei gar nicht, dass sich hieraus eine Art Suchtverhalten entwickelt hat. Manche Menschen fühlen sich sogar wohl dabei, sich in diese Negativ-Spirale zu begeben. Sie nehmen sehr gerne diese „Opferhaltung“ an und fühlen sich damit paradoxerweise sicher, wohl oder vertraut.

Dies ging mir, Lasse, einige Zeit so. Ich wusste, dass mir diese negativen Gedanken nicht gut taten, aber ich konnte mich einfach nicht davon lösen. Ich fühlte mich sicher in dem Gedanken, dass ich auf alles vorbereitet bin. Dass mich nichts negativ überraschen kann. Wenn ich einen großen Auftrag an Land ziehen konnte, dann ging ich nicht voller positiver Vorfreude daran, sondern fokussierte mich auf alles, was schief gehen konnte. So sprach ich dann auch mit anderen darüber: „Ach ja, schauen wir halt einfach mal. Ich könnte mir vorstellen, dass der Preis zu hoch ist und dieses oder jenes nicht ganz passt.“

Egal, worum es ging: ich fokussierte meine Kraft nie auf den positiven Ausgang, sondern stapelte immer tief und sogar noch tiefer, um nachher nicht enttäuscht zu werden. Damit meine ich nicht, dass man nicht realistisch alle Faktoren bedenken oder sich reflektieren sollte. Aber es ist wichtig, den Fokus nicht nur auf die negativen Dinge zu legen und sich somit der Kraft zu berauben, die eine Fokussierung auf die positiven Dinge in deinem Leben hat.

Hier kann dir Achtsamkeit in jedem Fall helfen, das in den Griff zu bekommen. Denn wer achtsam ist, der wird zu einer verbesserten Selbstreflexion gelangen. Diese ist wichtig, um aus diesem negativen Teufelskreis herauszufinden. Wenn du nämlich immer mit Sorgen, Angst und Zweifeln aus der Vergangenheit oder bezogen auf die Zukunft beschäftigt bist, steigt zeitgleich leider auch das Risiko für psychische Erkrankungen. An erster Stelle stehen hier Angst, Panik oder Depressionen, die in unserer heutigen Zeit fast schon ein Gesellschaftsproblem sind und die oftmals unterschätzt werden.

Viele Studien weisen darauf hin, dass das regelmäßige Anwenden von Achtsamkeit dieses Risiko nachhaltig senken kann. Sogar Menschen ohne Meditationserfahrung berichteten davon, dass sie mit regelmäßiger Meditation weniger Grübelei, negatives Kopfkino und Depressionssymptomatiken verspürten.

2. Achtsamkeit reduziert Angst, Panik & Depression

Wie oben bereits kurz angesprochen, vermindert Achtsamkeit auch Angst, Panik und Depressionen. Weitere Studien belegen, dass durch Meditation aktiv auf die Gehirnstruktur eingewirkt wird. Jede neue Tätigkeit, die wir erlernen, baut eine Autobahn im Gehirn, indem zwei Synapsen miteinander verbunden werden.
Je häufiger du eine Tätigkeit wiederholst (z.B. Klavier lernen, eine Sprache lernen, Autofahren lernen etc), desto intensiver wird diese nervliche Autobahn ausgebaut.

Jeder Gedanke, der zu dieser Handlung führt (also Bremsen, Gas geben, die Tastatur spielen), erzeugt eine elektrische Energie. Dies ist jetzt kein Hokuspokus, denn diese Energie können wir beim Arzt mit dem EEG sogar messen.
Die Folge: die Gehirnareale und Autobahnen, die häufiger genutzt werden, verändern sich auch physisch: sie werden größer. Die Areale und Autobahnen, die wir nicht mehr nutzen (z.B. eine Sprache, die wir seit 30 Jahren nicht gesprochen haben), bilden sich zurück. Du hast also die Kraft, dein Gehirn mit deinen Gedanken physisch zu verändern – und wie cool ist das denn bitte?

Aber dieses ausgeklügelte System hat dadurch auch eine Schwachstelle: Stell dir nun also vor, du denkst vermehrt über Dinge nach, die dir Angst oder Sorgen machen. Diese Gedanken treten immer häufiger auf. Plötzlich bekommst du auch vor weiteren Dingen Angst. Erinnere dich an meine Situation: erst waren es als Kind die Karussells, dann kamen die Zombies hinzu, dann die Flugangst, Angst vorm Verlassen werden...vielleicht wäre es weitergegangen zu Hypochondrie und der Angst, an einer schlimmen Krankheit zu leiden, bis man irgendwann nur noch wenig Freude am Leben empfindet.

Entsprechende Achtsamkeitspraktiken helfen dir dabei, die Amygdala, also das Angstzentrum deines Gehirns, positiv zu beeinflussen und zu verkleinern. Die Gewohnheiten – und das ist wichtig – erhöhen außerdem auch den präfrontalen Kortex und schaffen so durch entspannte Gedankengänge eine ruhigere Gehirnaktivität. Auch die Gewohnheit des Loslassen und Nicht-Beurteilens von sorgenvollen Gefühlen und Gedanken und hilft dabei, angstvolle Reaktionen, wie zum Beispiel Schweißausbrüche, Schlaflosigkeit oder Herzrasen, zu verringern.

3. Achtsamkeit reduziert Stress

Besonders bei dem Reduzieren von Stress stellt Achtsamkeit einen echten Gewinn dar. Viele Studien haben die Werte des Stresshormons Cortisol von Achtsamkeitsanwendern überprüft und sie konnten sogar einen Zusammenhang zwischen dem Wert und den wohltuenden Achtsamkeitsgewohnheiten herstellen.

Stress ist eine der häufigsten Zivilisationserkrankungen unserer Zeit ist und wirkt auf viele Menschen ein – oftmals sogar unbewusst. Auch hier machen sich plötzlich Gedanken breit, dass das Leben an einem vorbeizieht und man sich wie ein Hamster im Hamsterrad fühlt. Dazu kommt die Hilflosigkeit, dass man anscheinend keinen Ausweg aus dieser Situation findet.

Besonders in diesen scheinbar hilflosen Situationen hat sich das Praktizieren von Achtsamkeitsgewohnheiten bewährt. Du ermöglichst dir dadurch, einen ganz anderen Blick auf die belastenden Situationen zu erhalten und durchbrichst den negativen Kreislauf. Das alleine ist zwar noch keine Lösung dieser Situation, aber durch diesen Bruch und den damit gewonnenen Abstand schaffst du dir Möglichkeiten, ganz anders an deine Situation heranzugehen.

Durch die Taktik des Nicht-Bewertens schaffst du es, gewisse Dinge ganz neutral zu betrachten und hast somit die Möglichkeit, ohne Emotionen an Entscheidungen heranzugehen, die dich vorher aufgehalten halten. Diese Emotionen sind in diesem Moment eher hinderlich als hilfreich, denn oftmals entstehen sie aus:

- Schuldgefühlen (z.B. den Kollegen oder dem Unternehmen gegenüber, wenn du an Kündigung denkst: Ich

kann sie doch nicht hängen lassen)
- Sorgen (was passiert, wenn ich wirklich kündige? Vielleicht ist das nächste Unternehmen gar nicht besser, vielleicht bin ich dort noch unglücklicher, vielleicht komme ich mit den Kollegen gar nicht klar)
- Schamgefühl (was sagen meine Freunde und Nachbarn, wenn ich mich trenne? Dann wäre es offiziell, dass unsere Beziehung gescheitert ist)
- Angst (wenn ich mich trenne, bin ich wieder ganz alleine und vielleicht bleiben die Freunde nur bei ihm)

Nochmal: es ist immer gut, wenn du dich reflektierst und Gegebenheiten nicht einfach hinnimmst, sondern hinterfragst. Aber es dient wirklich niemandem, wenn du dich von unzähligen negativen Gefühlen aufhalten lässt, das erfüllteste Leben zu leben, dass du dir vorstellen kannst.

Also weg mit dem künstlich erzeugten Stress, so dass du wieder durchatmen und klar sehen kannst.

4. Achtsamkeit verbessert Konzentration, Gedächtnis und Effektivität

Studien belegten, dass das häufige Anwenden von Achtsamkeit und Meditationen die Hirnrinde vom Gehirn verdickt. Die Hirnrinde sorgt dafür, dass unser

Gehirn eine verbesserte Leistungsfähigkeit besitzt und sich parallel auch Konzentration, das Lernverständnis und das Gedächtnis verbessern.

Wenn du häufig unkonzentriert und erschöpft bist, so kannst du also auch hier mit Achtsamkeit nachhelfen. Indem du die achtsamen Übungen ausführst, verbesserst du zeitgleich auch dein Gedächtnis, deine Konzentration und dein Lernverhalten. Ebenso verhinderst du ständiges Abschweifen deiner Gedanken.

Man konnte feststellen, dass die Leistungsfähigkeit insbesondere bei Studenten zunahm, wenn sie achtsame Gewohnheiten annahmen. So konnten sie nicht nur bei Tests besser abschneiden, sondern auch insgesamt ihre Noten verbessern. Folglich kann Achtsamkeit auch im beruflichen Bereich die Effektivität steigern und so attraktive Karriereaussichten schaffen.

Wer also achtsam lebt, der geht nicht nur einen gesunden Weg in seinem Leben, sondern auch einen schlauen.

5. Achtsamkeit kreiert glücklichere Beziehungen

Paare, die in ihrem Alltag achtsame Gewohnheiten ausführten, stellten eine deutliche Verbesserung ihrer Beziehung fest. Sie waren in der Lage, tägliche Stressfaktoren im Alltag besser zu bewältigen und verspürten eine gesteigerte emotionale Stabilität. Ebenfalls verbesserte sich der Umgang mit Gefühlen wie Wut und Angst.

Das verminderte Stressempfinden sowie der entspanntere Umgang mit normalerweise aufwühlenden Gefühlen hat also eine direkte Auswirkung auf die Beziehung. Die Partner nahmen sich bewusst Zeit, dem anderen zuzuhören, ihn wahrzunehmen, für ihn da zu sein. Gefühle wurden bewusst angesprochen, ohne in Vorwürfe, Schuldzuweisungen oder Beleidigungen zu verfallen.

Dabei reicht es aus, sich beim Gespräch bewusst in die Augen zu blicken und zuzuhören, ohne bereits an die Antwort oder die eigenen Tageserlebnisse zu denken. Ebenso hilft es, einfach mal wieder etwas Kuschelzeit auf dem Sofa einzuplanen.

Die regelmäßige Umsetzung achtsamer Gewohnheiten kann also den Grundstein für die Bewältigung verschiedener Herausforderungen und das Erreichen einer glücklichen Beziehung legen.

6. Achtsamkeit erhöht Kreativität und flexible Denkfähigkeit

Durch achtsame Gewohnheiten kannst du darüber hinaus auch deine kognitive Leistungsfähigkeit und Flexibilität trainieren. Dies versetzt dich in die Lage, belastende Gedankengänge schnell zu ändern und dich somit an die existierende Situation anzupassen. Du bist weniger verbissen und gefangen, sondern kannst Freiräume schaffen und deine Kreativität entfalten.

Indem du dich von gewissen Glaubenssätzen und automatisierten Gefühlen und Gedanken distanzierst, bist du in der Lage, ganz neue Kreationen zu erschaffen. Du hast den Blick auf das große Ganze und verlierst dich nicht in kleine Frickeleien, so dass du den Wald vor lauter Bäumen nicht siehst.

7. Achtsamkeit verbessert die Schlafqualität

Wenn du von Schlafstörungen oder sogar Schlaflosigkeit geplagt bist, so bist du nicht alleine. Besonders dieses Störungsbild ist eine der am häufigsten auftretenden Stressreaktionen des alltäglichen Lebens.

Dein Geist rast auf Hochtouren und kommt abends kaum zur Ruhe. Dein Kopfkino fabriziert umfassende Mehrteiler und als gefesselter Zuschauer kannst du kaum entrinnen. Dazu noch abends blaues Licht durch TV und Smartphone...Schwer, da zur Ruhe zu kommen.

Achtsame Gewohnheiten sind eine bewusste Entschleunigung im Alltag und ermöglichen es dir, deinem Gehirn, Körper und Geist die notwendige Ruhe zu schenken. Du reagierst nicht mehr nur auf äußere Einflüsse, sondern kannst ganz kontrolliert dein Innenleben wahrnehmen und beeinflussen. Auch hier können dir achtsame Gewohnheiten zu einer verbesserten Schlafqualität verhelfen, so dass du morgens ausgeruht und mit mehr Energie aufwachst.

8. Achtsamkeit erhöht Selbstvertrauen, Selbstliebe & Selbstwert

Forscher der amerikanischen University of Oregon haben herausgefunden, dass die Achtsamkeitstechnik namens "integratives Körper-Geist-Training" zu positiven Gehirnveränderungen führen kann. Diese Veränderungen bieten einen idealen Schutz vor psychischen Erkrankungen wie Angst, Panik oder Depressionen.

Bei dieser Technik überschüttest du dein Gehirn mit positiven Elementen und kannst so dein eigenes Verhalten zu jeder Zeit regulieren. Besonders, wenn du einmal an dir zu zweifeln beginnst und dich und deinen Körper negativ betrachtest, werden dir spezielle Achtsamkeitsübungen zu einem verbesserten Selbstbild und Selbstvertrauen verhelfen.

9. Achtsamkeit schenkt Schmerzlinderung

Viele Studien belegen, dass Achtsamkeitspraktiken bei chronischen Schmerzen helfen. Besonders, wenn

nervenzehrende Symptome gelindert und ein verbesserter Umgang mit den Schmerzen erreicht werden sollen, sind achtsame Techniken ideal geeignet. Schließlich kann Achtsamkeit dabei helfen, negative Gedankengänge positiv zu verändern. Wir erinnern uns: Negative Gedanken haben eine enorme unbewusste Kraft und können die Schmerzen sogar noch verschlimmern.
Je länger und regelmäßiger die jeweiligen Techniken eingesetzt werden, desto effektiver kann sich also das Schmerzempfinden verringern.

Du fragst dich jetzt bestimmt, was das für Techniken sind und wie du diese am besten in deinen Alltag integrieren kannst. In den nachfolgenden Kapiteln erfährst du, welche Achtsamkeitstechniken du besonders leicht in deinen Alltag integrieren kannst, ohne dich gestresst oder verplant zu fühlen. Lasse dich am besten einfach inspirieren!
Es wird bestimmt auch die optimale Technik für deine Bedürfnisse dabei sein.

DEIN ACTION-PLAN FÜR MEHR ACHTSAMKEIT & GELASSENHEIT IN DEINEM LEBEN

Viele Menschen neigen dazu, sich bei der Änderung einiger liebgewonnener (oder unachtsamer) Gewohnheiten etwas schwer zu tun. Klar, es ist immer mit etwas Eigenengagement verbunden, etwas im Leben zu ändern. Sei es der Jobwechsel, der Umzug, eine Beziehung oder halt die Änderung von

Gewohnheiten.
Aber keine Sorge: Es ist nicht unser Ziel, direkt alles komplett über den Haufen zu werfen und es ist auch nicht hilfreich, wenn du jeden Tag 3 Stunden damit verbringst, dir achtsame Gewohnheiten anzutrainieren. Das artet ja schon wieder in Stress aus und das ist ja eher kontraproduktiv – daher kannst du das direkt mental streichen.
Unser Ziel ist es, dich so einfach und natürlich wie möglich zu etwas mehr Achtsamkeit in deinem Leben zu führen, so dass es sich fast mühelos als neue Gewohnheit in dein Leben schleicht. Klingt gut, oder? Finden wir auch! Also starten wir gleich mal los.

Es gibt nämlich einen kleinen Trick: anstatt direkt neue Gewohnheiten zu etablieren (was mitunter sehr kraftraubend und auch nervig sein kann), ersetzt du ganz einfach eine bestehende Gewohnheit durch eine bessere Version dieser. Das ist quasi die softe Variante und ermöglicht es dir, eine oder mehrere achtsame Gewohnheiten easy in deinen Alltag einzuflechten – ohne, dass du das Gefühl hast, etwas krampfhaft machen zu müssen (und seien wir ehrlich: dieser krampfhafte Gedanke ist dir schon durch den Kopf geschossen, oder?)

Nehmen wir mal an, du beginnst jeden Morgen mit einem starken Kaffee. Du brauchst ihn, um in Schwung zu kommen oder er gehört ganz einfach zu deinem Morgenritual. Im besten Falle genießt du deinen Kaffee am Morgen und nimmst den Geschmack voll und ganz wahr. Im schlechtesten –

und auch häufigsten – Falle schaltest du die Kaffeemaschine an, während du auf dem Weg zum Bad bist. Der Kaffee läuft durch, und während du das Frühstück für dich oder deine Kinder vorbereitest, schlürfst du schnell zwischendurch ein paar Schlucke.

Oder du liest dabei die Zeitung, scrollst durch Facebook oder checkst schon mal schnell deine Mails. Sobald du aus dem Haus rauschst, hast du den Kaffee eigentlich schon vergessen – wenn dir überhaupt bewusst war, dass du ihn gemacht hast.

Es ist manchmal wie mit der Sorge vor dem vergessenen Bügeleisen oder ob du den Herd ausgeschaltet hast. Meistens hat man beides ausgeschaltet, aber wir erinnern uns gar nicht mehr daran, weil es völlig auf Autopilot passierte.

Oder du schnibbelst völlig automatisiert das Obst für dein Müsli, das du jeden Morgen isst. Auch hier haben Facebook, Zeitung, Radio & Co oftmals einen festen Platz ergattert. Und genau hier kannst du ansetzen: Anstatt nun völlig auf Kaffee oder Müsli verzichten zu müssen, weil du 30 Minuten meditieren musst und du nun keine Zeit mehr für das Frühstück hast (bzw. du dieses noch gehetzter absolvierst), reicht es völlig aus, dir ein kleines bisschen Extra-Zeit für die eh schon bestehende Routine zu nehmen.

Anstatt den Kaffee auf dem Weg zum Bad anzustellen, genießt du ganz bewusst den Moment, wenn du die Kaffeedose öffnest und dir der Geruch des gemahlenen Kaffees in die Nase strömt. Schau dir an, wie das Kaffeepulver sanft in den Kaffeefilter rieselt und wiederum einen betörenden Duft verströmt. Und nun nimm dir einfach die 3 Minuten, die der Kaffee braucht, um durchzulaufen.

Schau dir an, wie er Tropfen für Tropfen in die Kanne fällt und sich eine wunderschöne, dunkelbraune oder rötlich-braune Flüssigkeit in der Kanne ansammelt.

Wenn du eine Kaffeepadmaschine hast, genieß auch hier einfach den Anblick, wenn der Kaffee in deine Tasse fließt. Wie die aufgeschäumte Milch hinzugefügt wird und sich ein schöner, fester Milchschaum bildet. Sieh dabei zu, wie der Zucker langsam in den Milchschaum einsinkt...und genieße den ersten Schluck Kaffee des Tages ganz bewusst.

Wie lange hat das nun gedauert? 5 Minuten. Naja, wenn du nicht gerade Kaffee für 10 Personen kochst und davon gehen wir jetzt einfach mal aus. Das wäre dann schon als Extended Version anzusehen und auch das kannst du natürlich später einmal als kleine meditative Einheit einschieben.

Erstmal geht es aber darum, dir mit so wenig Mühe wie möglich eine verbesserte Gewohnheit nahe zu bringen.

Konzentriere dich z.B. einfach einmal 3 Minuten darauf, wenn du das Obst für dein Müsli schneidest. Wie leuchtend gelb die Mango ist und wie sie duftet.

Wie knatschgrün die Kiwi ist, wie die keinen schwarzen Samen angeordnet sind. Wie das Müsli knistert, wenn du die Milch hineingießt. Du verstehst, worauf wir hinauswollen?

Mit gerade mal ein paar Minuten Zeit hast du bereits eine gewisse Achtsamkeit in dein Leben gebracht – während du deiner ganz normalen und täglichen Routine nachgehst.

Nun kannst du deinen Kaffee oder dein Müsli genießen und alles, was du zusätzlich brauchst, ist ein kleines bisschen Zeit. Mehr nicht.

Es ist übrigens ganz normal, wenn deine Gedanken dabei immer wieder abschweifen. Deine Gedanken sind darauf trainiert, hin und her zu springen und dies wird allgemein gerne als „Monkey Mind" bezeichnet. Zähme den herumtobenden Affen in deinem Kopf – indem du dich ganz einfach immer, wenn du die abschweifenden Gedanken bemerkst, wieder zu deinem Kaffee oder Müsli zurückholst. Sei nicht genervt, wenn es öfters passiert, es ist absolut normal und es geht hauptsächlich darum, genau dieses Abschweifen bewusst zu bemerken und dich dann wieder in den Moment zurückzuholen. Perfekt, mehr musst du erstmal gar nicht machen!

Wir haben für dich einen kleinen Action-Plan erstellt, der dir helfen soll, die ersten kleinen Achtsamkeitsgewohnheiten in dein Leben zu holen – und dort zu halten. Hole dir in aller Ruhe was zu trinken, setze dich gemütlich auf dein Sofa und lies dir die nachfolgenden einzelnen Schritte einfach mal ohne direkte Bewertung durch:

Schritt 1: Maximal 3 Dinge, die du verändern möchtest

Wir kennen das: man hat sich etwas vorgenommen, viel dazu gelesen, hat von anderen darüber die tollsten Erfolge gehört...und möchte am liebsten direkt zu 150% damit durchstarten.

Das kann bei einigen Menschen super funktionieren...aber bei den Meisten klappt dies nur ca. 1-5 Tage. Danach wird es zu anstrengend, der Alltag grätscht in die guten Vorsätze oder man hat sich ganz einfach übernommen. Engagement und Commitment in allen Ehren, aber wir möchten ja eine nachhaltige Achtsamkeit in dein Leben bringen und keine Berg- und Talfahrt von 0 auf 100 und wieder auf 0.

Damit du deine guten Vorsätze auch in Taten umsetzen kannst, solltest du zunächst einmal eine ausführliche Liste mit allen bisherigen Gewohnheiten erstellen, die du ändern möchtest. Am besten nimmst du dir einfach einen Zettel und Stift und schreibst alles in Ruhe auf. Damit dein Vorhaben aber auch wirklich gelingen kann, ist es wichtig, dass du deine ausgewählten bestehenden Gewohnheiten auch wirklich verändern möchtest! Sicherlich ist diese Selbstmotivation zunächst schwer, aber sei dir sicher: Es wird sich lohnen.

Das kann z.B. sein, dass du weniger Kaffee trinken möchtest, weniger Zeit vor dem TV verbringen möchtest, dich weniger sorgen möchtest, dich nicht so schnell von anderen verrückt oder unsicher machen lassen möchtest, nicht so schnell ein schlechtes Gewissen haben möchtest, dich weniger kritisieren möchtest...lasse deinen Gedanken freien Lauf.

Dann schreibst du ebenfalls auf, welche Gewohnheiten du gerne in dein Leben holen würdest oder welche du ändern möchtest. Z.B. mehr Zeit in der Natur verbringen, meditieren, gesünder essen, öfters mit Freunden telefonieren oder was trinken gehen, früher schlafen gehen, mehr Sport machen, positiv denken, entspannt vom Büro heimkommen, deinem Partner aufmerksam zuhören, mehr Zeit für Hobbies aufbringen etc.

Schreibe zu Beginn wirklich alles auf, was dir persönlich wichtig ist und was ein Wunschtraum von dir wäre. Und dann: wählst du insgesamt maximal 3 Dinge aus diesen beiden Listen aus, die du angehst.

Überfordere dich nicht, denn dann wirst du sehr schnell die Lust oder Motivation verlieren. Fang klein an und freue dich über die Erfolge! Momentan gehst du zwar noch mit vollem Elan und Willenskraft an die Sache heran, aber sobald der Alltag wieder zuschlägt, fällt das eine oder andere schnell mal hinten über.

Wenn du dich aber von Beginn an nur auf 3 Dinge fokussierst, die dir im ersten Schritt wichtig sind, kannst du diese easy umsetzen. Sie werden schnell zu einem Teil deiner Routine.

Schritt 2: Schließe den 56-Tage-Pakt mit dir

Erinnere dich an meine Geschichte vom Japan-Video: Achtsamkeit steigert nicht nur deine Lebensqualität, sondern sie hat auch eine direkte Auswirkung auf dein Umfeld. Du bist jeden Tag im sozialen Austausch mit vielen Menschen und wirst schon bald die positiven Auswirkungen spüren – jedoch braucht das seine Zeit. Ein bisschen Geduld musst du daher leider mitbringen, denn dein Gehirn wird nicht vom einen auf den anderen Tag anders funktionieren.

In einem späteren Kapitel werden wir erklären, wie du dein Gehirn dazu bringst, völlig neu zu denken und wahrzunehmen. Dazu schließt du mit dir einen Pakt: Mindestens 56 Tage lang führst du die 3 neuen Gewohnheiten aus.

56. Tage.

Dein erster Gedanke wird wahrscheinlich sein: Oh man, so lange?? Und warum ausgerechnet so eine merkwürdige Zahl?

Ganz einfach: Jahrelang haben uns viele Coaches erzählt, dass man eine neue Tätigkeit ca. 20-30 Tage lang umsetzen soll, damit sie unbewusst zur Gewohnheit wird. Diese Annahmen basieren aber auf 50 Jahre alten Forschungen in der Neurowissenschaft.

Mittlerweile hat die Neurowissenschaft massive Sprünge gemacht und aktuell wissen wir, dass es 56 – 200 Tage braucht, bis sich neue neuronale Strukturen im Gehirn ausbilden. Das bedeutet, dass du eine neue Tätigkeit mindestens 56 Tage lang täglich ausführen solltest, bis sie dank neugebildeter neuronaler Strukturen zu einer Gewohnheit in deinem Unterbewusstsein wird. Besser wäre es, wenn du sogar noch etwas länger durchhältst.

Glaube uns: es lohnt sich!

Mit der Zeit wirst du bemerken, dass sich die Gewohnheiten fast von allein in deinen Alltag integrieren und du wirklich davon profitierst.

Natürlich ist das von Person zu Person unterschiedlich und einige größere Änderungen werden sicherlich länger dauern als Kleinere. In diesem Zeitraum solltest du jedoch deinen Tag so strukturieren, dass du die neuen Gewohnheiten einfach einbauen kannst.

Zum besseren Durchhalten kannst du diesen Pakt auch auf eine weitere Person ausdehnen: Erzähle deinem besten Freund oder deiner besten Freundin von deinem Pakt mit dir. Sobald du diese 56 Tage nicht durchhältst oder einen Tag vergisst, musst du dafür etwas tun, dass wir wirklich Schmerzen verursacht – im übertragenden Sinne gemeint. Das könnte sein, dass du für eine Partei spendest, die deinen Werten absolut entgegensteht und bei der sich dir normalerweise alle Haare aufstellen. Und jetzt kommt's: Du berichtest von deiner Spende und warum du sie tätigen musstest mit einem Live-Video auf Facebook oder sonstwo. Hauptsache, es bekommen wirklich viele Menschen mit.

Du magst jetzt denken: spinnen die denn? Wie peinlich ist das denn? Das mache ich auf gar keinen Fall!!! Perfekt: jetzt bist du da, wo wir dich haben wollen.

Einige Menschen haben absolut kein Problem damit, einen Pakt mit sich selber einzuhalten.

Andere wiederum (wie auch Svea manchmal), brauchen einen kleinen Anschubser von außen oder auch etwas, was sie auf jeden Fall vermeiden möchten. Und dazu ist es wichtig, dass jemand von deinem Pakt und der „Strafe" weiß und dich auch verantwortlich hält.

Schritt 3: Verbinde die neuen Gewohnheiten mit bereits Bestehenden

Es ist keine gute Idee, Achtsamkeit nur aus einer Laune heraus oder aufgrund eines Trends zu beginnen. Generell ist es nie eine gute Idee, irgendetwas nur deshalb zu machen, weil es gerade in ist oder es alle anderen machen. Es ist viel wirkungsvoller und vor allem einfacher, wenn du es wirklich willst und die neuen Gewohnheiten an bereits bestehende anknüpfen kannst, die du eh jeden Tag ausführst. So musst du nicht direkt deinen ganzen Tagesablauf über den Haufen schmeißen, sondern kannst die neuen Gewohnheiten langsam einschleichen – bis sie zur Routine werden.

Das könnte z.B. so aussehen:

- Während mein Kaffee durchläuft, schreibe die 3 Dinge auf, die ich heute umsetzen möchte
- Nach meinem Mittagessen im Büro meditiere ich für 3 Minuten
- Nach dem Abendessen schalte ich mein Handy in den Flugmodus und es bleibt bis zum Morgen offline

Schritt 4: Alles ganz entspannt und Schritt für Schritt

Wir wollen alles. Jetzt und sofort. Und perfekt muss es natürlich auch sein. Quatsch! Mache dir nicht zu viele Gedanken, dass du es nicht schaffen kannst oder dass du bestimmt des Öfteren vergisst, eine Gewohnheit umzusetzen. Wichtig ist: Fang einfach an! Erfreue dich auch an den Erfolgen, wenn etwas geklappt hat!

Und sei nicht genervt, wenn du etwas vergessen hast oder gedanklich abgeschweift bist. Wichtig ist, dieses zu erkennen und dann einen neuen Anlauf zu machen. Eine tolle Möglichkeit ist, kleine Babyschritte zu gehen und dir Ziele zu setzen, die du gar nicht verfehlen KANNST. Die Wahrscheinlichkeit, dass du dann dabei bleibst, ist viel höher.

- Nimm dir also vor, nicht 15 Minuten zu meditieren, sondern nur eine.
- Gehe nicht 15 Minuten bewusst spazieren und beobachte deine Umwelt, sondern nur 10 Schritte.
- Trinke nicht eine Tasse Kaffee achtsam, sondern die ersten 3 Schlucke.

Hiermit suggerierst du deinem Unterbewusstsein, dass du dein Vorhaben erfolgreich umgesetzt hast und du entwickelst damit eine enorme Kraft.

Du wirst auch feststellen, dass es dir plötzlich viel leichter fällt, etwas länger am Ball zu bleiben und so meditierst du vielleicht bald (oft sogar aus Versehen) 3-5 Minuten oder genießt 10 Schlucke Kaffee bewusst.

Schritt 5: Plane eventuelle Rückschläge ein

Dieser Schritt ist enorm wichtig! Denn es ist normal, dass etwas mal nicht klappt, du keine Zeit hast, etwas vergisst oder auf andere Hürden stößt. Mach dir deshalb bloß keine Sorgen, dass diese Techniken bei dir nicht funktionieren oder dass es bei dir nicht klappt.

Denn wenn dir auffällt, dass etwas nicht so geklappt

hat, hast du schon etwas gelernt und achtsam an dir gearbeitet. Probiere es einfach erneut und lasse dich nicht beirren. Es ist normal, dass etwas nicht sofort gelingt.

Die meisten Menschen haben bei der Umsetzung neuer Gewohnheiten die gleichen Schwierigkeiten, nämlich:

- Zeit
- Kosten
- Verpflichtungen
- Wetter
- Platzgründe
- Schmerzen
- Unbequemlichkeit
- Vergesslichkeit
- und so weiter

Und nein, das sind nicht immer nur Ausreden – auch, wenn Ausreden immer gerne und vielfältig eingesetzt werden. Du glaubst gar nicht, wie extrem einfallsreich und kreativ wir werden, wenn wir etwas nicht durchziehen möchten – da ist man manchmal begeistert von sich selber. Doch die oben genannten Punkte sind tatsächlich ernstzunehmende kleine Hürden, auf die du stoßen könntest und auf die wir dich vorbereiten möchten, damit du sie mit einem eleganten Schwung nehmen kannst.

Wenn du zudem auch hin und wieder sorgenvoll deine Zukunft betrachtest, so können dir „Wenn-Dann-Fragen" helfen. Bei diesen Fragen legst du dir schon eine mögliche Lösungsstrategie auf eine quälende Frage zurecht und nimmst ihr so den Schrecken. Du spielst im Kopf also bereits durch, was passieren könnte und was dich aufhalten könnte. So bist du auf jede Eventualität vorbereitet und wirst nicht von ihr überrumpelt oder enttäuscht, sondern hast dir bereits Strategien zurecht gelegt, wie du mit dieser umgehst.

Mache dir also vorher ein paar Gedanken dazu. Hast du z.B. das Ziel, jeden Tag ein paar Minuten zu meditieren, könnten folgende Hürden auftreten:

- Ich vergesse es ganz einfach immer
- Ich bin einfach zu müde
- Ich schaffe es nicht, mir Zeit dafür zu nehmen
- Es kommt immer irgendwas dazwischen

Dann überlege dir die Lösungen dafür.

- Klebe dir ein Post-It an den Spiegel, den Kleiderschrank, die Haustür. Oder stelle dir eine tägliche Erinnerungsfunktion zu einer Zeit, in der du meistens Zuhause bist
- Organisiere deinen Tag ein bisschen um. Meditiere in diesem Fall direkt ein paar Minuten, wenn du nach Hause kommst oder in der Mittagspause im Büro und nicht erst kurz vor dem Schlafen gehen
- Auch hier gilt es, deinen Tag etwas umzuplanen. Es muss nicht viel sein, Kleinigkeiten reichen aus. Streiche ein paar Minuten TV oder Facebook. Bitte deinen

Partner, dir im Haushalt mehr zu helfen oder abends den Tisch abzuräumen. Binde auch deine Kinder mit ein. Gehe in der Mittagspause in den Park und setze dich auf eine Parkbank – man kann auch draußen in der Natur meditieren, wenn Menschen an dir vorbeigehen. Eine prima Übung

- Hier geht es darum, welche Priorität du dir und deinem Leben gibst. Sind die anderen Dinge wirklich immer so wichtig? Der Müll kann auch morgen noch rausgebracht werden. Der Abwasch kann mal einen Tag stehenbleiben. Nicht jeder Anruf oder jede WhatsApp müssen sofort beantwortet werden.

  Auch deine Kollegen dürfen ruhig mal ein „Nein" von dir hören – und ebenso deine Kinder.
  Jemand anderes kann mal den Einkauf übernehmen, mit dem Hund Gassi gehen aufräumen. Räume dir ab sofort etwas mehr Priorität im Leben ein!

Dies war nur ein Beispiel von vielen. Du kannst dies auf die verschiedensten Bereiche übertragen und anwenden:

- Wenn ich es mal wieder nicht zur Mittagspause schaffe, esse ich zumindest einen gesunden Snack am Schreibtisch und nehme die ersten drei Bissen achtsam zu mir
- Wenn es morgen kalt ist und regnet, gehe ich

statt joggen ins Fitnessstudio oder mache zu Hause Yoga

- Wenn ich mal wieder keine Zeit habe, meine Freunde zu treffen, telefoniere ich zumindest auf dem Weg vom Büro nach Hause mit ihnen oder spreche ihnen eine liebevolle Sprachnachricht auf
- Wenn ich das Projekt zeitlich nicht hinbekomme, stehe für eine bestimmte Zeit 20 Minuten früher auf und schaue abends 20 Minuten weniger TV
- Wenn ich zu gestresst bin, um achtsam mit meinem Partner umzugehen, bemühe ich mich, wenigstens 5 Minuten intensiv zuzuhören und für ihn / sie da zu sein
- Wenn ich mal wieder den ganzen Tag nur am PC gesessen habe und keine Zeit für einen Spaziergang in der Natur hatte, parke ich das Auto nicht direkt vor dem Büro, sondern 3 Minuten entfernt und gehe das letzte Stück zu Fuß
- Wenn du dich gesünder ernähren möchtest, es aber manchmal zu viel Aufwand für dich ist: mache einen Großeinkauf mit Obst & Gemüse. Nimm dir den Sonntagabend und packe kleine Tüten, die du mit einem Mix an gesundem Obst & Gemüse befüllst, die du jeden Morgen einfach schnappen kannst. Oder du schnibbelst einen wilden Mix aus Obst und Gemüse und frierst 7 kleine Beutel ein. Diese kannst du morgens mit Mandelmilch im Hochleistungsmixer zu einem

gesunden Smoothie verarbeiten und auf dem Weg zur Arbeit trinken

Auch hier machen vor allem kleine Schritte den großen Unterschied. Lege dir für jede mögliche Herausforderung eine kleine Lösung zurecht, die dir enorm weiterhelfen wird.

Du wirst merken, dass dir irgendwann gar keine Ausreden mehr einfallen und dass du sehr kreativ wirst, um Wege zu finden, dein Ziel zu erreichen.

Schritt 6: Yay - Belohne dich!

Wir tendieren dazu, oftmals viel zu hart oder streng mit uns und unsere kleinen und großen Erfolgen zu sein.

Das ist nicht nur extrem demotivierend und ungesund, es ist auch wirklich öde und langweilig. Und wer will schon ein langweiliges Leben? Wir zumindest nicht – und du sicher auch nicht ☺

Sei also fair zu dir und mache dir deine Erfolge auch mal deutlich!

Du hast es 4 x in der Woche geschafft, 3-5 Minuten zu meditieren? Yay, High Five!

Du hast es mehrmals in der Woche geschafft, deinem Partner bei Gesprächen in die Augen zu schauen und dich ganz auf sein / ihr Thema einzulassen? Yay, spitzenmäßig!

Du hast es 5x geschafft, dein Müsli morgens für ein paar Bissen oder deinen Kaffee für ein paar Schlucke achtsam zu genießen? Yay, das ist großartig!

Dir ist aufgefallen, dass du öfters vergessen hast, deine Achtsamkeitsgewohnheiten umzusetzen? Yay, das ist der erste kleine Schritt für viele weitere ganz Große!

Es müssen nicht immer sofort die 100% sein. Auch 20%, 50% oder 75% sind schon grandios. Wir fangen jetzt nicht davon an, dass auch ein ständig hinfallendes Baby nicht aufgibt und bis ins Erwachsenenalter nur krabbelt, weil es denkt, dass es das Aufstehen nach 3 Mal hinfallen eh nicht schafft. Oder dass Rom nicht an einem Tag erbaut wurde (Mist, jetzt haben wir doch davon angefangen), aber genau so solltest du an die Sache herangehen: völlig tiefenentspannt.

Und dann ist es direkt Zeit für eine schöne Belohnung. Der Wichtigkeit von Belohnungen haben wir ein ganzes Kapitel gewidmet, weil die unbewusste Kraft der Belohnungen oftmals verkannt wird. Gönne dir zum Beispiel eine erholsame Massage, ein leckeres Essen oder einfach etwas Ruhe und Entspannung mit einem guten Buch. Gehe mit deinem Partner ins Kino, zu einer Weinprobe, schaue einen ganzen Nachmittag deine Lieblings-Serie (ohne schlechtes Gewissen) oder geh endlich mal wieder auf ein Festival. Matsche, Schlamm und wenig Schlaf inklusive.

Du kannst alles wählen, was dir gut tut oder dir Spaß macht. Allerdings sollte deine Belohnung in einem idealen Verhältnis zu deinen gewünschten Achtsamkeitsgewohnheiten stehen. Wenn du zum Beispiel achtsamer essen möchtest, ist ein Besuch im XXL-Schnitzel-Paradies vielleicht nicht gerade die optimale Wahl.

Aber vielleicht wäre ein Abend in einem fantastischen Sushi-Restaurant oder im neuen veganen Restaurant eine Idee?

FINALE!

Jetzt heißt es feiern! Freue dich ausgiebig über die erreichten Erfolge – so klein sie auch sein mögen.

Und nun kannst du dir weitere Gewohnheiten überlegen, die dir wichtig sind und die du in deinen Alltag integrieren möchtest. Nachfolgend findest du dazu ein paar Anregungen von achtsamen Gewohnheiten, die vielleicht auch dein Leben bereichern und entstressen. Mit 9 Minuten in dein geiles, neues Leben!

4. MIT ACHTSAMKEIT EASY DURCH DEN TAG

„Denke immer daran, dass es nur eine wichtige Zeit gibt: Heute. Hier. Jetzt."
- Leo Tolstoi -

Grundsätzlich geht es beim Thema Achtsamkeit um eines: nimm dir einfach ein kleines bisschen mehr Zeit für dich und deine Umwelt. Die meisten Menschen fangen damit an, etwas im Außen ändern zu wollen, da dieses oftmals etwas leichter ist, als etwas in sich selber zu verändern. Aber genau DA, im Inneren, fängt alles an. Nimm also deine physische und psychische Gesundheit und vor allem dich selbst wieder wichtiger, denn je besser es dir geht, desto mehr kannst du im Außen bewirken. Wenn du dein Leben mit Achtsamkeit lebst, schaffst du dir die notwendige Entschleunigung und steigerst damit dein Wohlbefinden.

Achtsam zu leben ist auch gar nicht so schwierig, wie es dir auf den ersten Blick vielleicht erscheinen mag. Fang einfach mit kleinen Schritten an und schon bald werden einige dieser neuen Gewohnheiten zu deiner Normalität gehören.

Dann kannst du gerne nach und nach die nächsten Gewohnheiten angehen und in dein Leben integrieren. Alles ganz entspannt und mit Freude.

Du wirst sehen, dass du schon sehr bald von den Vorteilen eines achtsamen Lebens profitieren kannst:

- Dein Verständnis über dich selbst und dein eigenes Leben wird dir klarer.

- Du kannst deine Grenzen erweitern und deine inneren Ressourcen besser nutzen.

- Du wirst nicht mehr von Gedankenkarussells aufgefressen und dein Geist beruhigt und stabilisiert sich.

- Du kannst mit widrigen Lebensumständen, aber auch mit Stress-Situationen sowie psychisch-emotionalen Belastungen besser umgehen.

- Du wirst geduldiger mit dir selbst und lernst, dich zu akzeptieren.

- Du hast weniger Angst und seltener depressive Gefühle.

- Weil du deine Impulse besser unter Kontrolle hast, bist du ausgeglichener.

- Du kannst deine negativen Emotionen in andere Kanäle lenken.

- Du handelst selbstbestimmter und selbstbewusster.

- Du lernst, anderen Menschen freundlich und doch bestimmt Grenzen zu setzen.

- Du entwickelst mehr Stabilität und Lebensfreude, sodass deine Psyche ausgeglichener ist. Als Folge dessen entwickelst du mehr Lebensfreude, die du auch in schwierigen Situationen nicht verlierst.

DER MORGEN

Wenn es dir so geht wie mir (Svea) noch vor einiger Zeit, dann gehörst du definitiv zu den Menschen, die morgens bis zur letzten Sekunde schlafen. Die Snooze-Funktion des Weckers ist morgens dein bester Freund, denn 5 Minuten kannst du dich ganz bestimmt nochmal umdrehen und dich im warmen Bett einmummeln. Und vielleicht nochmal 5 Minuten. Und vielleicht...du kennst das Prinzip.

Entweder ist dein Partner nach dem Dauergeklingel des Weckers so entnervt, dass er dich förmlich aus dem Bett schiebt oder du springst irgendwann selber völlig gehetzt aus dem Bett, weil es jetzt wirklich allerhöchste Zeit wird.

Allerdings läufst du dann Gefahr, deinen Tag direkt mit Stress zu beginnen und musst dich dann vermutlich abhetzen, damit du noch rechtzeitig zur

Arbeit kommst.
Du gibst dir keine Chance auf einen entspannten Start in den Tag, sondern beginnst jeden Tag so, wie du den letzten beendet hast: gestresst, unachtsam, an dir vorbeirauschend.

Natürlich ist Schlaf ungemein wichtig für den menschlichen Körper und ich bin definitiv ein Befürworter dafür, so viel zu schlafen, wie es dir gut tut. Ich persönlich halte nichts von den Ideen, jede Nacht nur 5 Stunden zu schlafen, um am Tag produktiver zu sein oder um mehr vom Tag zu haben. Wenn ich nur 5 Stunden schlafe, laufe ich den ganzen Tag auf Sparflamme und sehe aus wie ein Zombie. Das geht vielleicht 2-3 Tage gut, aber danach laugt es mich einfach zu sehr aus.

Studien belegen, dass ausreichend Schlaf eine Voraussetzung für das optimale Funktionieren des Gehirns ist. US-Forscher haben entdeckt, dass Schlafmangel einen irreversiblen Schaden im Gehirn hinterlassen kann, da Gehirnzellen in einem für Aufmerksamkeit und geistige Leistungen zuständigen Hirnareal zu Grunde gehen. Aber: Du kannst es schaffen, jeden Morgen 3 Minuten früher aufzustehen. Nur 3 Minuten.

Du kannst statt eines normalen Weckers auch einen Lichtwecker verwenden. Dieser simuliert die aufgehende Sonne und holt so den Körper sanfter aus dem Schlaf, als ein laut plärrender Handywecker.

Lichtwecker beginnen zur eingestellten Zeit zuerst zart, dann nachdrücklich zu leuchten. Wenn du dann immer noch nicht aufwachen möchtest, wirst du auf herkömmliche Weise geweckt.

Eine weitere schöne Alternative ist die App „Sleep Cycle". Sie kann helfen, deinen Schlaf besser zu verstehen und im Idealfall das Optimale aus der Nacht herauszuholen. Du legst dein Handy einfach auf deine Matratze – mit dem Display nach unten – und die App überwacht deine nächtlichen Bewegungen. So erhältst du am Morgen eine ausführliche Analyse zu Wachzustand, Schlafphase und Tiefschlaf. Am Morgen merkt dein kleines Schlaflabor, wann du dabei bist, langsam ins Diesseits zurückzukehren – und weckt dich innerhalb einer selbstgewählten Spannbreite zum optimalen Zeitpunkt.

Ich denke, jeder spürt für sich ganz genau, wie viel Schlaf ihm gut tut – allerdings haben wir manchmal etwas verlernt, darauf zu achten, was uns Körper und Geist mitteilen wollen. Daher bin ich kein großer Freund davon, die wichtige Regenerationsphase zu stark einzuschränken.
Wie wäre es stattdessen, wenn du morgens einfach ein paar Minuten für dich hast? Das bedeutet nicht, dass du sofort 30 Minuten eher aufstehen musst. Wie gesagt sind es eher die kleinen Schritte, die in der Summe viel ausmachen und so einiges in deinem Leben verändern können.

Anstatt hektisch ins Bad zu rennen und alles auf Autopilot zu erledigen, wäre es doch schön, wenn du 3 Minuten noch im warmen Bett liegend darüber nachdenken könntest, wofür du dankbar bist. Anstatt im Stehen deinen Kaffee zu trinken und dein Brot im Auto zu essen, wäre es doch schön, 3 Minuten mit der Tasse Kaffee am Fenster zu stehen und einfach nur in den Garten, aus dem Fenster oder in den Himmel zu blicken und die Gedanken schweifen zu lassen.

Alleine diese kleinen Auszeiten werden dir ein Gefühl der Me-Time geben: das Gefühl, einfach etwas Zeit für dich zu haben. Einfach dem eingefahrenen Autopiloten zu entkommen. Einfach auf das zu achten, was wirklich wichtig ist. Und zwar nicht 30 Minuten, sondern einfach 3x3 Minuten täglich. Ganz schön viele einfachs. Kling eigentlich ganz einfach, oder? Ist es auch. Ja, ehrlich!

3-Minuten-Dankbarkeit

Wann warst du das letzte dankbar? Also so richtig, richtig dankbar? Und wann hast du dich über dieses Gefühl so richtig gefreut und dir deutlich gemacht, wie unglaublich beschenkt du bist?

Das Gefühl der Dankbarkeit ist eines der Stärksten, das wir kennen.

Damit lernst du auch, all die kleinen Dinge wieder wahrzunehmen, die dir Freude bereiten – und die du

in der Hektik des Alltags allzu oft übersiehst. Startest du mit Dankbarkeit in den Tag, trainierst du dich gewissermaßen auch darauf, vor allem auf die positiven Dinge zu achten, statt deinen Fokus auf Sorgen und Herausforderungen zu lenken.
Wie verschiedene Studien ergeben haben, erhöht das Gefühl von Dankbarkeit dein Glücksgefühl und reduziert die Gefahr von Depressionen. Durch diese Emotion kannst du dein Selbstwertgefühl steigern, die Beziehungen zu anderen Menschen verbessern und sogar die Qualität deines Schlafes erhöhen.

Wenn du bereits morgens im gemütlichen und warmen Bett deine Gedanken für ein paar Minuten darauf lenkst, wofür du dankbar bist, haben negative Gedanken oder Sorgen fast schon gar keinen Raum mehr. Auch hier gilt: weniger ist mehr. Statt jeden Morgen 20 Dinge abzurattern, für die du dankbar bist, picke dir nur 2-3 Dinge heraus. Ansonsten wirst du auch wieder nur in einen Automatismus verfallen und jeden Morgen die gleiche Liste abhaken, nur, um sie abgehakt zu haben.

Denke stattdessen jeden Morgen nur an 2-3 Dinge, für die du dankbar bist – und konzentriere dich lieber auf diese.

Dein Partner, dein Haustier, deine helle Wohnung, deine Kollegen, deine Freunde, das leckere Abendessen gestern, deine Kinder, deine Freiheit, deine Ausdauer, deine Energie, deine Motivation, dein starker Wille, die Sonne, das tolle Gespräch mit deinem Nachbarn, der schöne Kinofilm gestern, das saubere Leitungswasser, das inspirierende Buch, das neue Sofa, dein gesundes Herz, deine wunderbare Kindheit...es gibt so unendlich viele Dinge, für die wir jeden Tag dankbar sein können.

Nimm dir für jeden Gedanken nur 1 Minute Zeit. Fühle dich hinein, lächle dabei und spüre, wie dankbar du für diese Erfahrung, diesen Menschen, dieses Erlebnis bist. Erinnere dich an schöne Momente, an witzige Erlebnisse oder einfach an ein Gefühl. Spüre, wie es innerlich ganz warm wird, sich alles leicht anfühlt und dir wieder deutlich vor Augen geführt wird, wie dankbar du sein kannst, all diese Dinge in deinem Leben zu haben.
Nur 3 Minuten. Höchstens 3 Dankbarkeits-Gedanken.

3-Minuten-Song – Der Push des Tages

Nicht jeder ist früh morgens schon bereit, Musik zu hören. Für mich, Svea, war es früher ein Graus, da ich eher zu den Langschläfern zähle und morgens einfach etwas Zeit brauche, um in die Gänge zu kommen. Mittlerweile habe allerdings auch ich erkannt, wie 3 Minuten (oder mehr) eines Songs den Morgen unglaublich bereichern können.

Egal, ob du schnellere Up-Beat oder gechillte Café Del Mar Musik bevorzugst: Stelle dir eine Playlist auf deinem Smartphone zusammen, die zu dir passt.

Dazu kannst du dich entweder noch 3 Minuten ins Bett kuscheln und einfach deinen Gedanken nachhängen. Oder du nutzt den Song, um dein Bad zu einem Wellness-Tempel zu machen. Vielleicht pusht er dich auch so, dass du schon beim Kaffee kochen mit den Hüften swingst.

Nimm dir einfach diese 3 Minuten und höre dir den Song ganz genau an. Achte auf den Text, wenn er einen hat. Achte auf die einzelnen Beats, die eingesetzten Instrumente, das Solo, den Mix.

Entdeckst du neue Passagen, die dir vorher noch nie aufgefallen sind? Hörst du das erste Mal ganz bewusst, was dieser Text eigentlich aussagt? Achte darauf, wie die Stimme vibriert, kratzt, schwingt.

Natürlich kannst du direkt deinen ganzen morgendlichen Ablauf mit Musik verschönern, aber diese 3 Minuten nimmst du dir, um dich ganz bewusst auf den Song einzulassen und zu fokussieren. Nur du und die Musik. 3 Minuten.

3-Minuten-Duschmeditation

Klingt vielleicht merkwürdig, ist aber eine sehr effektive Möglichkeit, den Tag bereits entschleunigt und achtsam zu beginnen.
Allein schon die warme Dusche hat den Effekt, dass sie entspannend und belebend zugleich auf den ganzen Organismus einwirkt. Deine Haut reagiert

direkt und nimmt über die Rezeptoren die Wärme auf. Deine Muskeln entspannen sich und du kannst die Gedanken schweifen lassen.

Fokussiere dich nun auf das warme Wasser, dass auf deinen Kopf prasselt. Auf deine Haut. Bekommst du eine Gänsehaut? Rötet sich deine Haut?
Wie duftet dein Dusch-Schaum? Spüre, wie sich der Schaum auf deiner Haut anfühlt und dich voll und ganz einhüllt. Atme tief ein. Und aus. Und ein. Und aus. Nimmt den Duft wahr, das Gefühl, die Textur. Sei einfach in diesem Moment.
Für eine andere Art der Dusch-Meditation kannst du dir vorstellen, wie Stress, Sorgen und Ängste an deiner Haut kleben. Dann visualisierst du Wasser und Seife als Hilfsmittel, um diese Dinge von der Haut zu schrubben. Nach der Dusche fühlst du ich dann schließlich frisch und sauber und bist bereit für den kommenden Tag.

3-Minuten-Badritual

Jeder von uns hat eine morgendliche Routine im Badezimmer entwickelt, um sich auf den Tag vorzubereiten. Dabei handelt es sich um verschiedene Gewohnheiten, die jeder ausführt, ohne groß darüber nachzudenken. WC, Zähne putzen, duschen, rasieren, eincremen, Makeup, stylen, Parfum. So oder so ähnlich sieht bei den meisten Menschen der Morgen aus.

Die gewohnte Routine führt allerdings dazu, dass du den Tag bereits unachtsam beginnst und auf Autopilot schaltest. Zwar bist du vielleicht schneller fertig, aber dein Geist kann in dieser Zeit tun und lassen, was er möchte – und allzu oft konzentriert er sich auf negative Gedanken.

Weil dein Körper in den frühen Morgenstunden auch die höchste Konzentration am Stresshormon Cortisol aufweist, bist du in dieser Zeit ohnehin anfälliger für Angstgefühle, welche durch die freilaufenden Gedanken nur noch verstärkt werden. Statt die morgendliche Routine gedankenlos zu absolvieren, kannst du diese Zeit für achtsame Handlungen nutzen.

Schaue dir beim Zähneputzen in die Augen. Hast du jemals intensiv die verschiedenen Farbschattierungen deiner Iris wahrgenommen? Vielleicht hast du goldene oder grüne Flecken in deiner Iris?
Und hast du überhaupt schon mal bemerkt, wie wunderschön deine Augen sind und was für ein Wunderwerk sie sind?

Du kannst auch morgens vor dem Zähneputzen 3 Minuten lang Kokosöl ziehen. Damit verbindest du gleich zwei positive Effekte auf einmal: nimm einen EL Bio-Kokosöl in den Mund (entweder vorher angewärmt, aber es löst sich im Mund eh schnell auf) und bewege es im Mund hin und her. Ziehe es durch die Zähne, aber vermeide, es zu schlucken. Bemerke,

wie sich der zarte Kokosgeschmack intensiviert, wie das Öl fester und schaumiger wird. Spüre, wie es sich anfühlt, das Öl durch die Zähne zu ziehen. Damit entgiftest du direkt morgens deine Mundschleimhaut und damit deinen Körper und hast oftmals den zusätzlichen Effekt, dass die Zähne ein bisschen aufgehellt werden. Auf ganz natürliche Art und Weise.
Spucke das Öl danach in ein Papiertuch und entsorge es im Abfall. Danach kannst du die Zähne wie gewohnt putzen.

3-Minuten-Ordnung

Vielen Menschen hilft es, morgens direkt ihr Bett zu machen. Aber warum ist das so? Es ist eine sogenannte „Keystone"-Angewohnheit. Dabei handelt es sich um Gewohnheiten, die dir auch in anderen Lebensbereichen Erfolg bringen können.

Denn positive Verhaltensänderungen kannst du dir durch diese Angewohnheit sehr viel leichter verinnerlichen. Du hast dann nämlich an diesem Tag bereits deine erste Aufgabe erfüllt, was besonders für dein Unterbewusstsein eine sehr wichtige und kraftvolle Information ist.
Nimm dir die 3 Minuten und schüttle dein Bett aus, glätte die Bettdecke und die Kopfkissen. Wenn du hast, lege deine Tagesdecke darüber und führe alle Tätigkeiten in einer Zen-artigen Ruhe aus. Versuche, alles so gerade und glatt wie möglich

hinzubekommen.

Richte dein Buch auf dem Nachttisch gerade aus.
Sammle unachtsam hingeworfene Kleidungsstücke auf.
Lege abends gelesene Zeitschriften sorgsam aufeinander.
Alles in Ruhe. Sei genau in diesem Moment.
Nur für 3 Minuten.

3-Minuten-Wasserenergie

Wir gehen jeden Morgen duschen und reinigen unsere Körper intensiv von außen. Aber was ist mit der innerlichen Reinigung unseres Körpers?

Das geht ganz einfach: Mache es dir zur Gewohnheit, jeden Morgen direkt nach dem Aufstehen ein großes Glas Wasser zu trinken. Gerne mit einem Spritzer frischer Zitrone, einer Scheibe Gurke oder frischem Ingwer.
Das Glas Wasser am Morgen hat zahlreiche Vorteile für die Gesundheit. Schließlich hat dein Körper bis zu acht Stunden lang kein Wasser mehr bekommen und muss zunächst einmal rehydrieren. Das gilt umso mehr, wenn du anschließend Kaffee oder Tee trinken möchtest.

Trinkst du auf nüchternen Magen Wasser, wird außerdem der Dickdarm gereinigt, wodurch der Körper Nährstoffe leichter aufnehmen kann. Ein Glas

Wasser vor dem Frühstück beschert dir außerdem ein länger anhaltendes Sättigungsgefühl und hält dich von übermäßigem Essen und sinnlosem Naschen ab.

Du spülst mit dem Wasser nicht nur Unreinheiten aus deinem Körper, sondern startest symbolisch auch sauber und frisch in den neuen Tag.
Vielleicht erscheint dir das banal, weil du ja ohnehin weißt, wie du ein Glas Wasser trinkst. Doch wenn du deine Handlungen selbst in den banalen Dingen des Lebens verlangsamst, bemerkst du auch viele andere subtile Dinge, die sonst vermutlich an dir vorüber gehen würden.

Wenn du magst, gehe dabei noch einen Schritt weiter: Sei beim Füllen des Glases dankbar dafür, dass du einen einfachen und unkomplizierten Zugang zu sauberem und frischem Wasser hast. Bevor du trinkst, schau auf das Glas Wasser und beachte vor allem, wie es aussieht. Wenn du die ersten Schlucke nimmst, visualisiere, wie belebend und erfrischend es für deinen gesamten Körper ist. Wie jede Zelle deines Körpers durch das Wasser voll und prall wird. Nimm viele kleine und einige größere Schlucke und achte dabei darauf, wie sich dein Körper anfühlt, je besser er hydratisiert wird.

3-Minuten-Atmung

Du musst nicht direkt jeden Morgen 15 Minuten meditieren. Es wäre zwar schön, weil dein Geist

morgens noch frei von den Erlebnissen und Gedanken des Tages ist, aber für viele ist dies morgens einfach nicht umzusetzen.
Setze dich stattdessen einfach 3 Minuten gemütlich auf dein Sofa oder setze dich nach dem Aufwachen im Bett aufrecht hin. Du kannst dir für 3 Minuten einen Wecker stellen oder die „i-Qi clock" App verwenden, mit der du verschiedene Klangschalen-Töne einstellen kannst.
Konzentriere dich nun auf deine Atmung. Mache wirklich nichts anderes, als dich auf deine Atmung zu konzentrieren.

Alternativ kannst du dich auf deine Nasenspitze konzentrieren und wahrnehmen, wie kühler Atem in die Nase hineinströmt und warmer Atem hinausströmt. Ein und aus. Ein und aus.

Eine weitere Alternative ist, dass du bei jedem Einatmen zählst. Dabei zählt ein Ein- und Ausatmen als ein Atemzug. Zähle bis zehn und fange dann wieder von vorne an.

So gelangst du nicht in den Autopiloten und zählst einfach wahllos bis 500 drauf los, sondern bist achtsam, dass du bei zehn stoppst und von vorne beginnst.

Es ist ganz normal, dass deine Gedanken alle paar Sekunden abweichen werden. Sobald du es bemerkst, holst du dich einfach zu deiner Nasenspitze, dem Atem oder dem Zählen zurück und machst weiter. Wichtig ist, dass du dich nicht ärgerst oder genervt bist, weil du den Anspruch hast, 3 Minuten komplett fokussiert zu sein. Das Gedankenspiel ist normal: denke an die Monkey Mind – die Affen sind los und tanzen dir auf der Nase herum. Von Woche zu Woche oder auch je nach Tagesform wird es dir gelingen, ein paar Sekunden länger fokussiert zu bleiben und achtsam zu bemerken, dass du abgleitest. Und nur darauf kommt es an.

3-Minuten-Morgenseiten

Nimm dir jeden Morgen ein Blatt Papier und schreibe drauf los. Wie jetzt? Was genau soll ich schreiben? Völlig egal, Hauptsache, du schreibst. Hier geht es nicht darum, deine Ziele, Träume und Wünsche festzuhalten oder Dankbarkeit zu zeigen. Es geht um wildes Schreiben. Völlig frei von allen Zwängen. Viele Autoren nutzen diese Technik, um ihren Kopf morgens frei zu bekommen und erst einmal alles rauszulassen, was ihnen in den Sinn kommt.

Die Bestseller-Autorin und Kreativtrainerin Julia Cameron beginnt ihren Tag mit genau diesen Morgenseiten. Das Ziel ist es, alles herauszulassen, was dir durch den Kopf schießt. Es kann völlig unzusammenhängend sein – aber schreib es auf. Ohne Zensur. Ohne nachzudenken.

Schreibe einfach drauflos, wie du dich gerade fühlst

und was deine Ängste und Sorgen sind, wenn du welche hast. Das kann so aussehen:

Ich habe gerade keine Ahnung, was ich schreiben soll. Diese Übung ist irgendwie albern und ich fühle mich unwohl. Ich bin es schon gar nicht mehr gewöhnt, mit dem Stift zu schreiben und ich bemerke gerade erst, wie sich meine Handschrift seit meiner Kindheit verändert hat. Irgendwie habe ich mal viel ordentlicher geschrieben und ich merke jetzt schon, wie mir das Handgelenk weh tut. Mein Hund guckt mich total komisch an und will jetzt endlich raus. Habe ich eigentlich daran gedacht, die E-Mail gestern Abend zu verschicken? Das ist das Erste, das ich gleich im Büro checke. Aber erstmal mache ich mir gleich einen Kaffee und werde so richtig wach. Ich bin mir nicht sicher, ob ich den Job wirklich schaffe. Ich habe mich selbstständig gemacht und die finanziellen Sorgen stehen mir bis zum Hals. Ich weiß einfach nicht weiter und habe Angst, dass es schlimmer und schlimmer wird. Woher soll das Geld kommen? Warum liebt mein Partner ausgerechnet mich? Was genau findet er an mir, was kann ich ihm bieten?
Findet er mich interessant oder geht unsere Beziehung im Alltag unter?
Oh, das Bild hängt schief, das kann ich gleich mal wieder gerade hängen. Eigentlich könnte ich auch mal wieder malen, früher habe ich das häufiger gemacht und fand es eigentlich ganz cool. Genau, heute Abend kaufe ich mir Papier und gute Stifte und fange endlich mal wieder an zu malen. Ach nee,

heute treffe ich mich mit Marc. Na gut, dann aber morgen. Warum sind Eisbären eigentlich weiß und nicht blau?

Du siehst schon: völlig zusammenhanglos...zumindest auf den ersten Blick. Schreib, so schnell du kannst. Ohne Gedanken. Der Sinn dahinter: mentale Altlasten loszuwerden, bevor du dich in den Alltag stürzt. Gefühle, Gedanken, Ideen, Beobachtungen, Fragen...alles passt hinein. Dieses Ritual löst keine Probleme, aber du bekommst diese Gedanken raus aus dem Kopf. Wenn du dies regelmäßig umsetzt, wirst du merken, wie du deine Sicht auf diese Welt nach und nach hinterfragst und reflektierst.

Bemerkst du, dass du viel jammerst, andere beschuldigst, dich beschwerst? Aha, interessant, oder? Bemerkst du, dass du dir ständig um andere Sorgen machst? Dass du alles für andere tust, damit die Kollegin besser vor dem Chef dasteht, damit deine Freundin nicht genervt ist, damit zuhause alles perfekt läuft?

Bemerkst du, dass du viel darüber schreibst, wie toll der gestrige Abend war, wie gut dir der Film gefallen hat, dass du ein spannendes Gespräch hattest?

Schaue dir die Seiten nach einiger Zeit achtsam an und du wirst überrascht sein, was du alles über dich lernst und erkennst. Du erlebst vielleicht einen Perspektivenwechsel, indem du dich intensiver mit deinen Mitmenschen beschäftigst. Fühl dich in

andere hinein. Baue Blockaden ab, indem du dich so auslebst, wie du es dir in der Realität noch nicht zutraust.
Wildes, ungestümes Schreiben. 3 Minuten.

3-Minuten-Lächeln

Die wunderbare und leider schon verstorbene Vera F. Birkenbihl hat es perfekt ausgedrückt: „Freudehormone fressen Kampfhormone auf". Ihre Botschaft: Lachen hilft immer! Die gefragte Motivationstrainerin und erfolgreiche Autorin weiß, wovon sie redet. Bereits 60 Sekunden lächeln suggerieren dem Gehirn gute Laune und tricksen so das Denken aus.
Wichtig hierbei: es muss wirklich richtig intensiv gelächelt oder sogar gelacht werden, so dass die Mundwinkel sich extrem nach oben bewegen.

Die Folge: bei dieser Übung drückt ein Muskel auf genau den Nerv, der dem Gehirn signalisiert, dass man gelacht hat. Das Unterbewusstsein hat gelernt: lachen = glücklich.
Es werden entsprechende Hormone ausgeschüttet, denn das Gehirn kann nicht zwischen Täuschung und Realität unterscheiden. Auch, wenn du dir in den ersten 15 Sekunden etwas merkwürdig vorkommst: halte es mindestens 60 Sekunden lang durch, besser noch 3 Minuten. Suggeriere dem Gehirn, dass du bereits morgens fröhlich und glücklich bist – da haben es negative Gedanken es schon schwieriger,

durchzukommen.

3-Minuten-Inspiration

Hast du deinen Computer oder dein Handy am Nachttisch und checkst nach dem Aufwachen als erstes deine Nachrichten? Vielleicht schaltest du nach dem Aufstehen aber auch den Fernseher ein, um erst einmal die Morgennachrichten zu sehen – die in den meisten Fällen beunruhigend und negativ sind.

Statt deinen Tag mit einer Informationsflut zu beginnen, kannst du auch positive oder inspirierende Bücher und Artikel lesen.

Denn du solltest niemals damit aufhören, zu wachsen und zu lernen.

Setze dich gemütlich auf dein Sofa oder in deinen Sessel und lies für 3 Minuten in einem inspirierenden Buch. Oder nimm dir ein paar inspirierende Zitate-Kärtchen zur Hand.

Es gibt wunderbare Zitate-Kalender oder Zitate-Boxen, die dir Motivierendes, Erhellendes, Nachdenkliches, Positives und Begeisterndes mit in den Tag geben. Darüber hinaus findest du im Netz viele Webseiten und Blogs, auf welchen du interessante Zitate und Artikel lesen kannst. Blättere durch ein paar Seiten oder Kärtchen oder lass einfach einen bestimmten Satz auf dich wirken.

Was genau sagt dieser Satz aus? Wie könnte er in deinem Leben Anwendung finden? Hast du wirklich jemals darüber nachgedacht?
Beschäftige dich mit diesem Zitat oder Satz. Welches Gefühl weckt er in dir? Welche Gedanken? Zuneigung oder Abneigung?

Wenn du ein inspirierendes Buch liest: markiere dir die Sätze, die dir spontan wichtig erscheinen. Lies deshalb bewusst und langsam und nimm dir die Zeit, um positive Gedanken aufzunehmen und diese zu reflektieren. Natürlich kannst du dir auch Notizen zum Gelesenen machen und auch die Änderungen, die du vornehmen möchtest oder die Inspirationen und Erkenntnisse, die du aus dem Gelesenen gewonnen hast. Sobald die Lesezeit vorüber ist, nimmst du noch ein paar tiefe Atemzüge, bevor du in deine übliche Morgenroutine übergehst.

3-Minuten-Journal

Unabhängig vom wilden, freien Schreiben ist es eine schöne Angewohnheit, ein Journal zu führen. Es ist kein klassisches Tagebuch, wie du es vielleicht kennst. Schreibe dir jeden Morgen jeweils 3 Antworten zu folgenden Punkten auf (möglichst jeden Morgen 3 Neue):

- Ich bin dankbar für...
    - (mein warmes Bett, meinen Partner, meine Freiheit, die inspirierenden

Menschen in meinem Leben, mein neues Projekt)

- Was würde den heutigen Tag wunderbar machen?
    - (Ich gehe zum Sport, ich meditiere, ich zeichne, ich esse gesund, ich lasse mich nicht ärgern, ich lächle 5 Menschen zu, ich gehe früh ins Bett, ich frage heute nur 2x meine E-Mails ab)

- Tägliche Affirmation: Ich bin...
    - (ein Geschenk für die Welt, erfolgreich, finanziell frei, dankbar für mein wunderbares Leben)

Alternativ kannst du dir auch ein vorgefertigtes Journal, nämlich das 6-Minuten Tagebuch mit diesen Fragen zulegen und es direkt neben dein Bett legen. Es ist quasi das Erste und das Letzte, was du morgens und abends tust.

3-Minuten-Sonnengruß

Yoga ist nie nur körperliches Training. Es bezieht immer Atemtechniken (Pranayamas) und den Fokus auf uns selbst mit ein. Für viele Übungsfolgen ist festgelegt, wann man ein- und ausatmet. Beim Einatmen schlägt das Herz schneller, ausatmend verlangsamt sich der

Pulsschlag. So gelingt es, das Nervensystem zu beeinflussen, das Muskeln und Organe steuert.

Dank der Yoga-Übungen arbeitest du mit der Energie, die ohnehin in deinem Körper vorhanden ist, also mittels Atem- und Energiekontrolle. Du beruhigst dadurch deinen Geist und erreichst einen höheren Bewusstseinszustand. Besonders empfehlenswert am Morgen ist der sogenannte Sonnengruß, wenn du ein bestimmtes Ziel erreichen möchtest. Durch den Sonnengruß dehnst und stärkst du den ganzen Körper besonders intensiv.

Dafür stellst du die Füße hüftbreit auseinander und behältst die Arme an der Seite. Verteile das Gewicht gleichmäßig auf beide Beine und atme gleichmäßig durch die Nase ein und aus.

Als nächstes führst du die Hände an dein Herz und nimmst eine Gebetsposition ein. Dabei legst du die Absicht fest, die du mit dieser Praxis erreichen möchtest. Beispielsweise, dass du negative Gedanken loslässt. Während du einatmest, hebst du deine Hände in Richtung Decke, bis sie gerade in die Höhe gestreckt sind. Dann beugst du den Rücken sanft durch, während dein Blick auf die Hände gerichtet ist.

Jetzt atmest du aus und machst mit der Taille eine stehende Vorwärtsbeuge, den Rücken hältst du dabei gerade. Deine Handflächen legst du neben die Füße flach auf den Boden, wobei die Finger komplett ausgestreckt sein und nach vorne zeigen sollten. Kannst du den Boden nicht mit den Händen erreichen, kannst du auch zwei Stapel Bücher neben deine Beine stellen, welche diese Position erleichtern oder du legst die Hände an deine Schienbeine.

Beim Einatmen verlängerst du deine Wirbelsäule zu einer stehenden, halben Vorwärtsbeuge und schaust nach vorne. Beuge dich wieder nach unten und spring oder gehe mit den Beinen ans Ende der Matte, so dass du in einer Planke liegst. Die Hände stützen dich noch immer ab.

Senke dich nun langsam ab, indem du die Ellenbogen beugst. Wenn du kannst, versuche, mit den Beinen und dem gesamten Körper nicht die Matte zu berühren – du stützt dich nur mit den Händen und Füßen ab.
Sobald du kurz über der Matte schwebst, beugst du den Rücken durch und drückst die Brust mit den Armen nach oben zum heraufschauenden Hund.

Nun schiebst du deine Hüfte nach oben und hinten, sodass dein Körper die Form eines umgekehrten „v“ einnimmt.
Nach fünf Atemzügen beugst du die Knie in Richtung deiner Brust und machst einen großen Schritt nach vorne zwischen deine Hände. Atme aus und beuge dich nach vorne, bis du wieder in der Position der stehenden Vorwärtsbeuge bist. Lasse dich nochmals in einer Vorwärtsbeuge ganz nach unten fallen.

Nachdem du erneut eingeatmet hast, erhebst du dich in einem Zug komplett. Führe die Arme über deinem Kopf zu Gebetshänden zusammen und zurück vor die Brust.

3-Minuten-Visualisierung

Viele Profisportler wie der serbische Tennisspieler Novak Djokovic oder der Schwimmer Michael Phelps nutzen zur Vorbereitung auf Wettkämpfe regelmäßig Visualisierungen. Das menschliche Gehirn unterscheidet beim Lernprozess nicht, ob etwas physisch oder psychisch ausgeführt wurde bzw. ob es Realität oder Phantasie ist.

In Studien hat man Menschen in Gruppen eingeteilt: eine Gruppe sollte trainieren, die andere Gruppe sollte sich dieses Training jeden Tag intensiv vorstellen und sich hineinfühlen. Die Auswertung hat ergeben, dass auch die Gruppe, die das Training lediglich visualisiert hat, einen Muskelzuwachs zu verzeichnen hatte.

Die gleiche Studie wurde 1995 von Pascual-Leone und Kollegen am Klavier durchgeführt. Die Studienteilnehmer, von denen keiner Klavier spielen konnte, mussten eine einfache Melodie am Klavier lernen. Die Praxis-Gruppe musste die gelernte Melodie an fünf Tagen jeweils zwei Stunden lang am Klavier üben. Die Mental-Trainings-Gruppe trainierte die Tonfolge nur mental und stellte sich dabei die

Melodie vor. Die Kontrollgruppe trainierte gar nicht, weder mental noch praktisch.

Bei den Probanden wurde während der Trainingsphase mittels transkranieller Magnetstimulation (TMS) gemessen, wie sich die entsprechende Hirnregion über die fünf Tage veränderten. Was sich dabei zeigte, ist mehr als beeindruckend!
Bei den beiden Trainingsgruppen (Praxis-/Mental-Training-Gruppe) vergrößerte sich die entsprechende Hirnregion der benutzten Hand. Bei den Studienteilnehmern der Kontrollgruppe zeigte sich keine Veränderung im Gehirn. Nach der Messung mussten die Probanden der Mental-Trainings-Gruppe die Melodie real am Klavier spielen. Das Ergebnis entsprach zwar nicht demjenigen der Praxisgruppe, doch sie erreichten auf Anhieb und ohne zu üben das Niveau der Praxisgruppe vom dritten Tag.

Dies zeigt, welche Kraft eine regelmäßige Visualisierung haben kann. Natürlich ist es besser, etwas länger und intensiv zu visualisieren, aber auch kürzere Zeiten haben bereits einen großen Einfluss auf das Gehirn. 17 intensiv fokussierte Sekunden haben bereits einen unglaublichen Effekt!

Die morgendliche Visualisierung kannst du in wenigen Schritten ganz einfach einüben: Zunächst definierst du das Ergebnis oder das Ziel, das du erreichen möchtest, bevor du es dir vorstellst. Setz dich in einer bequemen Position hin und atme ein paar Mal tief durch.

Dadurch beruhigt sich dein Geist und du erreichst einen meditativen Zustand. Führe dir dein Ziel vor Augen. Stell dir vor, dass vor deinem inneren Auge ein Film abläuft, in dem du der Hauptdarsteller bist. Stell dir also möglichst genau vor, wie du aussiehst, was du machst, wo du dich befindest und wer in deiner Nähe ist. Nutze also alle Sinne! Nachdem du dir vorgestellt hast, wie du dein Ziel erreichst, stellst du dir die einzelnen Aktionen, die dich dahin führen, möglichst detailliert vor. Im günstigsten Fall tauchst du so tief in die gedanklichen Bilder ein, als würdest du deine Visualisierung tatsächlich erleben.

Die Visualisierung beendest du, indem du dir erneut vorstellst, dass du das Ziel erreicht hast.

Wichtig ist dabei, dass du alle Sinne mit einbeziehst:

- Was siehst du?
- Was hörst du?
- Kannst du in deiner Visualisierung etwas berühren? Wie fühlt es sich an?
- Nach was duftet es, dort, wo du gerade in deiner Visualisierung bist? Wenn du etwas schmecken könntest, nach was würde es schmecken?
- Was fühlst du?

Beende die Visualisierung immer mit dem Gefühl!

Bleibe in jeder Phase (sehen, hören, riechen, schmecken, fühlen) für 17 Sekunden – diese 17 Sekunden reichen aus, wenn du sie intensiv erlebst.

3-Minuten Tee- oder Kaffeeritual

Die meisten Menschen betrachten Kaffee oder Tee in erster Linie als Mittel zum Wachwerden, jedoch nicht als Achtsamkeitsübung. Du kannst aus dem Kaffee- oder Teetrinken aber auch ein morgendliches Ritual machen, das dich in Verbindung mit dem jetzigen Augenblick bringt. Nicht umsonst kennen viele Kulturen weltweit ritualisierte Teezeremonien. Durch das Ritual konzentrierst du dich auf den kompletten Genuss, von der Zubereitung bis hin zum Trinken.
Genieße es, wie die Bohnen duften, wenn du sie frisch mahlst. Oder wie der Kaffee langsam durch den Filter läuft.

Beobachte, wie die losen Teeblätter in der Kanne umherwirbeln und wie sich die Farbe des Wassers verändert. Nimm wahr, wie der Tee oder Kaffee duftet, wenn du 3x tief einatmest. Ist es eher süßlich? Herb? Erdig? Fruchtig oder blumig?
Führe die Tasse an die Lippen und genieße das komplexe Aroma, bevor du den ersten Schluck trinkst. Achte beim Trinken vor allem auf den Geschmack des Tees oder des Kaffees. Während du die Tasse in der Hand hältst, spürst du die Wärme, die von ihr ausgeht und genießt, was du beim ersten Schluck empfindest. Langsam trinkst du dann Schluck für

Schluck, wobei du jeden mit Dankbarkeit genießen solltest. Dieses Ritual beendest du, indem du die Tasse auswäscht, trocknest und aufräumst.

3-Minuten-Achtsamkeitsfrühstück

Natürlich bedeutet das nicht, dass du in 3 Minuten dein Frühstück verputzt haben solltest. Der Sinn dieser Übung ist, dass du dich jeden Morgen ganz bewusst für 3 Minuten auf dein Frühstück konzentrierst. Zum achtsamen Essen gehört nicht nur das Essen an sich, sondern auch die Frage, wie du es zu dir nimmst. Wenn du dein Frühstück achtsam zu dir nimmst, kannst du auch die Auswahl deiner Speisen völlig neu bewerten.

Du solltest also die Lebensmittel sorgfältig auswählen und dich während des Essens setzen. Ein gesundes Frühstück muss dabei nicht einmal mit einem großen Aufwand verbunden sein. Rührei, eine Scheibe Vollkorntoast, frisches Obst und eine kleine Schüssel Haferflocken mit Nüssen und Banane sind schnell gemacht. Wenn du wie ich zu den Menschen gehörst, die morgens nicht so gerne und viel essen, reicht auch ein Smoothie, ein kleiner Joghurt, ein Stück Obst oder ein hochwertiger Fruchtsaft (im besten Falle selbst entsaftet).

Während du deine Mahlzeit zubereitest, solltest du stets aufmerksam sein und dich während der Zubereitung darauf konzentrieren, wie das Essen duftet und aussieht. Konzentriere dich während des Essens bei jedem einzelnen Bissen auf den Geschmack, die Konsistenz, die Farbe. Erkenne, wie sich der Geschmack verändert, je länger du die Nahrung kaust.

Sobald deine Gedanken wieder abweichen, holst du sie zu deinem Frühstück zurück. Für 3 Minuten.

3-Minuten-Family Time

Wir alle kennen diese Situation: wir hetzen an unseren Freunden, Partnern und Familien vorbei, reden unaufmerksam mit ihnen oder verbringen wenig bewusste Zeit mit ihnen. Nimm dir direkt am Morgen 3 Minuten Zeit, um dich voll und ganz auf deine Familie einzulassen.
Auf den Wirrwarr, das Gewusel, das Gesuche, das Gemaule, das Lachen, das Schmatzen.

Du konzentrierst dich also auf den anderen und bist völlig aufmerksam. Das bedeutet, dass du dich nicht vom Fernseher oder deinem Telefon ablenken lässt oder über andere Dinge nachdenkst, während dein Partner gerade mit dir redet. Weil der Morgen in den meisten Familien reichlich hektisch und stressig abläuft, solltest du dir ein fixes Zeitfenster für die Zeit mit den Familienmitgliedern vornehmen, beispielsweise indem ihr am Frühstückstisch beisammen sitzt. Du kannst mit deiner Familie über den bevorstehenden Tag oder über jedes beliebige andere Thema reden. In jedem Fall ist es wichtig, dass du jedem Familienmitglied mit Wertschätzung begegnest. Verabschiede sie mit einer herzlichen Umarmung und genieße diese enge Bindung.

DER TAG

Auch während des Tages kannst du Raum für 3 Minuten Achtsamkeit schaffen. 3 Minuten passen immer in einen Tagesablauf – auch in einen Hektischen. Egal, ob du im Büro bist, Zuhause oder unterwegs: Picke dir eine oder mehrere der folgenden Achtsamkeitsgewohnheiten heraus und setze diese konsequent um:

3-Minuten-Aufräumaktion

Ein chaotischer oder vollgestellter Schreibtisch – egal, ob Zuhause oder im Büro – wirkt unbewusst auf dich und deine Produktivität ein. Das Gerümpel lenkt dich ab und lässt dich kaum noch atmen, so dass deine Kreativität und Organisation darunter leidet. Du kannst jeden Tag ein paar Minuten dazu verwenden, deinen Schreibtisch und dein Büro etwas aufzuräumen.

Ich (Svea) merke die Auswirkungen eines zugemüllten Schreibtisches oder Zimmers immer direkt. Eine gewisse Zeit lang kann ich das zwar ignorieren, aber irgendwann muss ich einfach den großen

Rundumschlag machen. Ich fühle mich dann selber so eingeengt und kann einfach nicht so kreativ und frei arbeiten, wie ich es gerne möchte.
Vielleicht kennst du das Gefühl auch selber: irgendwie ist es dann auch im Kopf ganz rummelig und man hat manchmal das Gefühl, einfach endlich mal wieder durchatmen zu wollen.

Ist dein Schreibtisch zu vollgerömmelt, so dass 3 Minuten nicht ausreichen, kannst du erst einmal mit einem großen Rundumschlag beginnen. Packe alles, was du nicht akut für deine jetzige Arbeit benötigst, in einen Karton oder eine Box. So hast du erst einmal Luft zum Atmen und Platz auf dem Schreibtisch.

Du kannst nun jeden Tag ein paar Minuten damit verbringen, die Inhalte des Kartons wegzuarbeiten. Ganz bewusst und mit Struktur.
Hefte Unterlagen ab.
Wirf alte Unterlagen oder Aufzeichnungen weg, die nicht mehr benötigt werden (wegwerfen befreit ungemein).

Schritt für Schritt schaffst du dir so mehr Freiraum.

3-Minuten-Bodyscan

Ein grundlegendes Element der Achtsamkeit besteht darin, dass du deinen Körper wieder bewusst wahrnimmst. Der Grund: Wenn du darauf achtest, was dir dein Körper sagt, erfährst du auch viel über

deinen emotionalen und mentalen Zustand. Vor allem aber verbindest du dich wieder mit deinem Körper, den wir alle leider viel zu oft als selbstverständlich hinnehmen. Das erreichst du am besten mit Hilfe eines achtsamen Körperscans. Hierbei handelt es sich um eine Meditationsübung, in deren Verlauf du dich auf jeden Teil deines Körpers konzentrierst und diesen bewusst spürst.
Du wirst überrascht sein, dass du deine Kopfhaut oder den kleinen Finger separat wahrnehmen kannst!

Ich, Svea, habe diese bekannte Technik zum ersten Mal bei einem Seminar von Master Han Shan kennengelernt. Han Shan ist ein sehr faszinierender Mann, der vor Jahren nach Thailand ging und seinen faszinierenden Weg vom deutschen Manager zum Mönch beschreibt. Ich kann dir hier sehr sein Buch empfehlen: Wer loslässt, hat zwei Hände frei.

Nun aber zur Technik des Body Scans:
Setze dich entspannt hin, schließe die Augen und beginne damit, dich auf deine Kopfhaut zu konzentrieren. Sobald du diese nach ein paar Sekunden spürst, gehst du weiter zur Stirn, zu den Augenbrauen, zu den Ohren, den Lippen, dem Kinn.

Spüre deine Schultern, deine Oberarme, Unterarme und die Handinnenflächen. Nun konzentrierst du dich auf jeden einzelnen Finger, bis du diesen spürst.

Wandere zu deinem Rücken, deiner Brust, deinem Bauch, deinen Hüftknochen. Weiter hinunter zu deinen Oberschenkeln, den Knien, Unterschenkeln bis hin zu den Fußsohlen. Nun konzentrierst du dich auf jeden einzelnen Zeh.

Wenn du magst, kannst du einen Schritt weiter gehen: In diese Übung kannst du auch die inneren Organe, etwa die Lunge oder das Herz miteinbeziehen. Achte dabei auf jeden Schmerz und jede Spannung, die du spürst. Wenn du das Gefühl hast, „konzentrierte" Energie in einem bestimmten Bereich festzustellen, konzentriere dich für einen Augenblick darauf. Und vor allem: Beobachte deine Empfindungen dabei. Spürst du Schmerzen oder Verspannungen, kannst du dich fragen, woher diese Emotion kommt. Denn oftmals gehen Verspannungen oder Schmerzen auf negative Emotionen oder Gedanken zurück.
Anschließend nimmst du einen tiefen Atemzug und versuchst dabei, im betreffenden Bereich zu entspannen. Die Entspannung fällt dir leichter, wenn du die entspannten Muskeln und die verschwundenen Schmerzen visualisierst.

Der gesamte Körperscan kann schon mal 10 Minuten und mehr in Anspruch nehmen, aber du kannst dich auf einfach auf einen bestimmten Körperbereich fokussieren. Z.B. den Oberkörper, die Kopfregion oder den Unterkörper. Wichtig ist, dass du dich bewusst spürst und wahrnimmst. Nur für 3 Minuten.

3-Minuten-Meditation

Du kennst es sicherlich auch: sobald du erstmal im Alltag angekommen bist, gibt es kein Halten mehr. Telefonate, Unterlagen abarbeiten, Kinder abholen, Essen kochen, Meetings, schnell in die Mittagspause, spontane Aufgaben mit kurzer Deadline, Fragen der Kollegen, weitere Telefonate, E-Mails, dringende Angelegenheiten, die man eh nie einplanen kann...du springst von einem zum anderen und zack – ist der Tag vorbei.

Gerade hier ist es wichtig, sich einfach einmal für 3 Minuten aus allem herauszuziehen. Schließe deine Bürotür, stell dein Smartphone aus, schließe deinen Laptop oder zieh dich in den kleinen Raum zurück, in dem das Kopierpapier aufbewahrt wird, falls du kein Einzelbüro hast.

Stelle einen Wecker auf 3 Minuten und suche dir nun irgendeinen Gegenstand in deiner unmittelbaren Nähe heraus. Ein Blatt, die Wanduhr, der Kalender, der Apfel, der karierte Block. Egal was. Fokussiere dich nun 3 Minuten auf diesen Gegenstand und betrachte ihn intensiv. Die Farbe, die Form, die geschwungenen oder extrem geraden Linien. Nimmst du wahr, dass der Gegenstand aus verschiedenen Farben besteht? Oder verschiedenen Farbintensitäten? Ist er glatt, fusselig, rau? Stellst du Risse fest, Löcher, Unebenheiten?

Sei in diesen 3 Minuten einfach ganz aufmerksam und

hole deine Gedanken immer wieder zu diesem Gegenstand zurück. Schließe danach die Augen, atme ein paar Mal tief durch und gehe deinem weiteren Tagesablauf nach.

3-Minuten-Atmung

Du atmest ein, du atmest aus. Du atmest ein, du atmest aus. Klappt jeden Tag ganz prima, oder? Dafür erstmal ein dickes Danke an deinen Körper, weil er das alles von ganz alleine für dich erledigt.

Weil das Atmen völlig automatisch erfolgt, schenken die meisten Menschen ihrer Atmung allerdings nicht allzu viel Aufmerksamkeit. Sie achten nur darauf, wenn sie Probleme mit der Atmung haben. Dabei trägt das Atmen erheblich zu unserem körperlichen und geistigen Wohlbefinden bei.
Hinzu kommt, dass Körper und Geist durch die Atmung miteinander verbunden werden. Die Atmung spielt aus zwei Gründen eine wichtige Rolle für uns Menschen: Zum einen werden der Körper und die Organe mit Sauerstoff versorgt, zudem werden Abfallstoffe aus dem Körper transportiert. Zum anderen stellt die Atmung auch die Basis für jegliche Art von Achtsamkeitsübung dar.

Du verankerst durch die bewusste Atmung deine Aufmerksamkeit und beruhigst sowohl Körper als auch Geist.

Durch eine achtsame und fokussierte Atmung kannst du Stress reduzieren, auch wenn du es nur wenige Minuten lang machst. Der Grund dafür besteht darin, dass durch eine rhythmische, langsame und tiefe Atmung die Reflexe des parasympathischen Nervensystems stimuliert. Das wiederum entspannt die Muskulatur und reduziert die Herzfrequenz. Darüber hinaus wird die Sauerstoffversorgung des Gehirns verbessert, was zu einer Reduktion des Stress- und Angstlevels führt.

Du setzt dich einfach auf das Sofa oder einen Stuhl, wobei du deinen Rücken gerade hältst und die Füße flach auf den Boden stellst (zusätzlicher Bonus der Erdung). Nun atmest du langsam 4 Sekunden durch die Nase ein, bis deine Lungen komplett gefüllt sind und drückst dabei deinen Bauch nach vorne. Halte den Atem für 4 Sekunden an. Atme nun 4 Sekunden tief aus und lasse deinen Bauch zurücksinken.
Halte 4 Sekunden inne. Wiederhole diesen Atemzyklus für 3 entspannte Minuten.

Du kannst auch gerne die Hände auf den Bauch legen, um die Atmung und die Bauchwölbung besser spüren zu können.

3-Minuten-Sinnsuche

Was ist der Sinn deines Lebens? Puh, für viele Menschen eine schwer zu beantwortende Frage. Aber es muss hier auch nicht unbedingt eine Antwort gefunden werden und manchmal ändert sich dein Sinn auch entsprechend der jeweiligen Lebensphase. Aber ist wichtig, hin und wieder achtsam darüber nachzudenken und sich damit zu beschäftigen. Und es sollte auch auf gar keinen Fall Druck ausüben oder belastend sein, sondern ganz im Gegenteil: es soll richtig Spaß machen! Hey, du lebst in einem freien Land, hast Zugang zu sauberem Wasser und gesunder Nahrung in Hülle und Fülle, schläfst in einem warmen Bett und hast tolle Menschen in deinem Leben. Du kannst dich wirklich glücklich schätzen!

Und mit diesen Gedanken setzt du dich nun 3 Minuten hin und überlegst einfach, welchen Sinn du deinem Leben geben möchtest. Oder welchen Sinn du aus deinem Job ziehst. Oder aus deinem Hobby. Keine Sorge: das muss jetzt nichts sein im Sinne von „Ich rette die Welt" oder „Ich helfe allen Menschen oder Tieren".
Es reicht, wenn es kleine Dinge sind, die dir Freude bereiten, dein Herz aufgehen lassen, dich vor Energie sprühen lassen und dich morgens aus dem Bett treiben.

Zwei ganz wunderbare Bücher hierzu sind „Das Café am Rande der Welt" und „The Big Five For Life" von John Strelecky. Beide Bücher sind eine Erzählung über den Sinn des Lebens bzw. das Finden des ZDE, dem Zweck der Existenz. Verpackt in eine ganz wunderbare Erzählung, mit der sich fast jeder Leser identifizieren kann und die extrem zum Nachdenken anregen – und eine Menge Mut geben.

Vielleicht ist der Sinn deines Lebens, dass du Menschen zusammenbringst, z.B. für Projekte, Freizeitaktivitäten, Urlaube. Vielleicht bist du sehr gut darin, gute Laune zu verbreiten und anderen ein Lächeln ins Gesicht zu zaubern. Vielleicht kannst du fantastisch und voller Hingabe zuhören. Vielleicht gibst du als einer der wenigen Menschen wirklich ehrliches Feedback. Vielleicht bist du besonders einfühlsam, aufmerksam, interessiert, flexibel. Vielleicht liebst du Tiere über alles und machst ihnen das Leben mit Kuscheleinheiten und respektvollem Verhalten ein bisschen schöner.

Und auch so machst du diese Welt ein kleines bisschen besser. Jeden Tag.

3-Minuten-Gespräche

Du gehst zwar mit deinen Kollegen in die Mittagspause, hältst ein Schwätzchen auf dem Büro oder grüßt die Nachbarin im Vorbeigehen. Aber bist du in diesen Momenten wirklich präsent?
Bist du wirklich bei deinem Gegenüber? Oder schwirren in deinem Kopf parallel andere Gedanken herum? Vielleicht denkst du schon an deine Antwort oder schweifst sogar in ganz andere Gedankenwelten ab. Es passiert tatsächlich sehr häufig, dass wir uns während des Gesprächs mit anderen Menschen gar nicht wirklich auf diese einlassen.

Erzählt dir dein Kollege von seinem Wochenende, so denkst du vielleicht schon darüber nach, was du am Wochenende gemacht hast und ihm gleich erzählen wirst. Oder wie deine Meinung zu dem Film ist, von dem dir deine Partnerin gerade berichtet. Wir haben es uns angewöhnt, in einer schnelllebigen Welt oft schon einen oder zwei Schritte weiter zu sein, anstatt im Hier und Jetzt. Eigentlich schade, denn so nehmen wir die aktuelle Erfahrung oft gar nicht richtig wahr, sondern leben entweder in der Vergangenheit oder in der Zukunft.

Wenn du das nächste Mal mit deiner Kollegin, deinem Partner, der Nachbarin etc. sprichst, lasse dich für 3 Minuten voll und ganz auf sie ein. Das hört sich zwar nicht lange an, kann aber durchaus eine Herausforderung darstellen.
Schaue deinem Gegenüber in die Augen und spüre, wie sich alleine dadurch eine Verbindung aufbaut. Bemühe dich, nicht schon in deine Antworten oder nächsten Gedanken zu springen. Höre einfach zu.

Nimm die Geschichte wahr, die dir erzählt wird. Bewerte sie nicht, sondern höre einfach nur zu und schenke der Person den Respekt, den jeder verdient, indem du ganz in diesem Moment bist.

3-Minuten-Pause

Eine Pause ist ganz einfach definiert: Mache immer genau das Gegenteil von dem, was du gerade vorher gemacht hast.

Sitzt du lange? Gehe 3 Minuten durch den Raum – besser noch durch den Flur oder den Garten.

Schaust du lange auf den Laptop? Schließe für 3 Minuten die Augen und genieße die beruhigende Dunkelheit.

Hast du telefoniert? Stelle alle Geräuschquellen auf lautlos und genieße 3 Minuten tief atmend die Stille.

Du merkst, worauf wir hinaus möchten. Diese 3 Minuten kannst du dir jederzeit am Tag herausnehmen – und sie ganz bewusst genießen. Denke daran, tief einzuatmen, um deinen Körper mit einer Extraportion Sauerstoff zu versorgen.

3-Minuten-Dehnung

Egal, was du gerade gemacht hast: steh auf und dehne dich. So beugst du nicht nur Verspannungen vor, sondern nutzt diese 3 Minuten, um ganz bei dir zu sein.

- Nackendehnung: Rolle deinen Kopf ein paar Mal langsam von links nach rechts. Nun senke das Kinn langsam nach vorne auf deine Brust und wieder zurück, so dass du zur Decke schaust.
- Nackendehnung: Fasse mit deiner rechten

Hand an deine linke Kopfhälfte und dehne deinen Kopf & Nacken sanft zur rechten Schulter. Dabei ziehst du den linken Arm parallel zu den Fingerspitzen nach unten, bis du eine sanfte Dehnung in der linken Halsseite verspürst. Wiederhole dies mit der anderen Seite.

- Schulterdehnung: Stelle dich in einen Türrahmen, dessen Tür geöffnet ist. Platziere deine Hände seitlich am Türrahmen. Achte darauf, dass der Oberarm parallel zum Boden ist und Ober- und Unterarm im rechten Winkel sind. Lehne deinen Oberkörper nun etwas nach vorne oder gehe mit einem Bein einen Schritt nach vorne, bis du um Bereich der Brust- und Schultermuskulatur einen leichten Zug verspürst.
- Fersenheben: Stelle dich auf die Zehenspitzen und wippe langsam auf und ab. Achte darauf, dass deine Fersen nicht den Boden berühren.
- Rotation: Setze dich aufrecht hin, hebe beide Arme an und greife dir mit beiden Händen an die Kopfpartie hinter den Ohren. Die Ellenbogen stehen seitlich nach außen ab. Drehe nun den ganzen Oberkörper langsam zur Seite, bis du einen Winkel von circa 45 Grad erreicht hast. Halte diese Position für einige Sekunden und drehe dann den Oberkörper zurück zur Mitte. Zur anderen Seite wiederholen.

3-Minuten-Wertschätzung

Nimm dir vor, einem lieben Menschen heute mitzuteilen, wie sehr du ihn schätzt. Leider teilen wir dies viel zu selten mit und das hat gar nichts mit böser Absicht zu tun, sondern – du ahnst es schon – mit Unachtsamkeit. Wir nehmen einfach vieles zu selbstverständlich und vergessen oft im hektischen Alltag, die Menschen in unserem Leben wirklich zu sehen. Aber genau diese Menschen sind es, die dein Leben so enorm bereichern!

Kollegen, Familie, Freunde, Nachbarn, Handwerker, der Postbote...dir sind keine Grenzen gesetzt.

Es ist dabei völlig egal, ob du einen kurzen Brief schreibst, eine WhatsApp, jemanden anrufst oder im besten Falle persönlich vorbeigehst: stelle dir die Person vor und führe dir vor Augen, wie dankbar du bist, dass dieser Mensch in deinem Leben ist. Was ihr schon alles gemeinsam erlebt habt, wie dieser Mensch dir geholfen hat, dich zum Lachen brachte.

Und dann – sagst du es ihm oder ihr! Bedanke dich bei ihm, dass er in deinem Leben ist und dass du das einfach mal gesagt haben wolltest. Ganz locker und ehrlich. Und freue dich über das Lächeln, dass du diesem besonderen Menschen damit ins Gesicht zauberst.

3-Minuten-Musikpause

Einfach erklärt: Dreh. Die. Musik. AUF!

Springe, hüpfe, tanze dazu und lache aus vollstem Herzen. Ein prima Workout, das auch noch Laune macht. Es bringt deinen Kreislauf in Schwung und pumpt Serotonin in den Körper. Eine Pause, in der du aktiv und bewusst der Musik zuhörst, kann helfen, ruhiger, gelassener, positiver und produktiver zu deiner Arbeit zurückzukehren.

Der Einfluss von Musik auf unsere Stimmung ist unbestritten und sogar messbar: Bei aggressiven Beats schüttet der Körper verstärkt Adrenalin aus, während sanfte, ruhige Klänge zu einer geringeren Konzentration an Stresshormonen führen. Gleichzeitig kurbeln sie die Produktion von Betaendorphinen an, die als körpereigene Opiate das Schmerzempfinden herabsetzen. Die Gehirnzellen zeigen eine höhere Aktivität, Blutdruck, Puls, Atem- und Herzfrequenz verändern sich.

Vor allem hilft Musik dabei, Emotionen auszulösen. Professor Dr. Stefan Koelsch, Musikpsychologe der Freien Universität Berlin, wertete dazu 21 neurowissenschaftliche Studien aus. Musik spricht unter anderem das Hirnareal an, das für die Verarbeitung von Emotionen zuständig ist. Daher findet die Musiktherapie auch Einsatz bei Patienten mit Depressionen. Finnische Forscher haben beispielsweise beobachtet, dass Betroffene durch regelmäßiges Musizieren Anspannungen abbauen konnten. Die Konzentration auf den Rhythmus erhöhte außerdem grundsätzlich die Aufmerksamkeit und führte so zu mehr Aktivität.

Lasse dich ganz auf die Musik ein: höre, welche Musiker an diesem Song beteiligt sind. Nimm die Instrumente wahr, den Rhythmus, die Melodie und die Stimme (wenn vorhanden). Welche Emotionen löst dieser Song in dir aus? Woran denkst du dabei? Fühlst du dich dabei entspannt, energetisiert, voller Freude? Bewerte diese Gefühle und Gedanken nicht, sondern nimm sie einfach nur wahr.

Es ist also egal, ob du karibische Klänge, Reagge, Soul, Hard Rock, Klassik, Lounge oder Dance hörst: Hauptsache, es tut dir gut und macht Spaß.
Also, Handy & Laptop aus, ran an die Regler und 3 Minuten eintauchen in die Musik.

DER ABEND

Egal, ob du etwas mehr Achtsamkeit in deinen Tagesablauf bringen konntest oder ob der Tag nur so an dir vorbeigeflogen ist: versuche, den Tagesabschluss bewusst und achtsam zu begehen. Damit machst du bereits weitaus mehr als die meisten Menschen und bildest die Basis für einen produktiven und achtsamen Start in den nächsten Tag.

Wenn du es tagsüber nicht geschafft hast, 3 oder 6

Minuten Achtsamkeit in dein Leben zu bringen, versuche, abends die gesamten 9 Minuten einzubauen. Vielleicht möchtest du verschiedene Techniken miteinander kombinieren oder du dehnst einfach eine Achtsamkeitsgewohnheit auf 9 Minuten aus.

3-Minuten-Arbeitsabschluss

Auch, wenn es manchmal schwer fällt und du abends einfach nur aus dem Büro nach Hause möchtest: Beende deinen Arbeitstag ganz bewusst. Den ganzen Tag über wurdest du von E-Mails, Anrufen und spontanen Meetings überfallen, so dass du gerade einfach nur deine Sachen packen und nach Hause fahren möchtest. Nimm dir trotzdem die 3 Minuten Zeit und bereite den morgigen Tag vor.
So schließt du mit deinem Arbeitstag ab, nimmst offene Aufgaben nicht mit nach Hause und kannst den nächsten Tag frisch beginnen.

Schreibe dir auf, was du heute alles erreicht hast. Denke dabei nicht nur groß, sondern beachte auch die kleinen Dinge: den Kollegen zum Lächeln gebracht, der Kollegin geholfen, ein ungeliebtes Telefonat geführt etc. Lasse zu, dass du stolz auf dich bist und dieses Gefühldankbar annimmst. Verspüre ebenso Dankbarkeit für alles, was du geleistet hast. Manchmal fällt es uns schwer, Dinge zu finden, auf die wir stolz sein können. Denke daher ganz bewusst darüber nach und gehe den Tag nochmal von morgens bis abends durch.

Notiere im zweiten Schritt, welche Aufgaben heute unerledigt blieben und an denen du morgen weiterarbeiten möchtest. Schreibe deine Tätigkeiten für den morgigen Tag auf: Telefonate, Aktivitäten, Meetings, E-Mails, Kalkulationen, Recherchen etc. Wenn du kannst, plane diese Aktivitäten nach der Pomodoro-Technik oder teile sie zumindest grob in vormittags und nachmittags auf. Denke auch daran, Zeiten für deine achtsamen 3-Minuten-Gewohnheiten einzuplanen.

So hast du den Kopf frei, wenn du aus dem Büro gehst und kann am nächsten Morgen direkt frisch und organisiert beginnen.

Räume deinen Schreibtisch so gut wie möglich auf, so dass du am Morgen von einem ordentlichen Arbeitsumfeld empfangen wirst.

3-Minuten-Müllplatz

Machen wir uns nichts vor: Manchmal gibt es einfach miese Tage – egal, wie positiv du den Tag begonnen hast. Deine Mitmenschen nörgeln, dein Chef hat dich auf dem Kieker, du schmeißt alle Getränke um, reißt dir ein Loch in den Pulli, verlierst 50€ und bekommst ein Knöllchen. Ein typischer „Mieses-Karma-Tag". Und hey, es ist völlig ok, wenn du dich ärgerst! Es ist menschlich und wir dürfen auch mal genervt und frustriert sein – besonders an solchen Tagen. Es ist gut, wenn du diesen Ärger zulässt und nicht verdrängst oder unterdrückst.

Trotzdem tust du dir nichts Gutes, wenn du mit diesen negativen Gefühlen in den Abend bzw. die Nacht gehst und diese Gedanken mit in den Schlaf nimmst.

Die Lösung: lade diese Gedanken einfach ab! Suche dir auf dem Weg nach Hause einen Platz, an dem du jeden Abend vorbeikommst. Eine Wiese, der Platz hinter dem Gartenhäuschen, ein ruhiger Parkplatz oder was auch immer: das ist ab sofort dein persönlicher Müllplatz, an dem du alles abladen kannst.

Packe alle negativen Gedanken und Gefühle, alle nervigen und frustrierenden Erlebnisse des Tages, allen Stress, Wut und Ärger zu einem Paket und verschnüre es gut. Und nun: schmeiß diesen Müll weg! Befreie dich von deinem ganzen Tagesballast und atme danach 3 Mal tief durch.

So albern sich diese Übung anhören mag: gib ihr ein paar Tage eine Chance. Wir werden nicht müde, es zu wiederholen: das Gehirn unterscheidet nicht zwischen Realität und Phantasie. Indem du dir alles bildlich vorstellst, wie du allen Müll zusammenschnürst und wegschmeißt, kann auch dein Kopf durchatmen. Diese Technik hat eine direkte Verbindung zu deinem Unterbewusstsein und gibst dir somit die Chance, deinen Tag entspannt zu beenden.

3-Minuten-Abwasch

Diese Übung steht nur stellvertretend für viele Dinge, die wir im Alltag bewusster angehen können – denn der tägliche Abwasch gehört nun wirklich nicht zu den Tätigkeiten, auf die man sich den ganzen Tag freut. Besonders, wenn man über keine Spülmaschine verfügt, kann diese Arbeit auf Dauer eher nerven und neben dem Putzen des Badezimmers gehört diese Aufgabe zu den verhasstesten. Aber es geht auch viel mehr darum, diese Zeit achtsam und bewusst wahrzunehmen und einfach etwas Zeit für dich und deine Gedanken zu haben.

Nimm die Wärme des Wassers wahr. Das weiche Gefühl des Schaums. Starte mit dem weniger verschmutzen Geschirr, so dass das Wasser länger sauber bleibt. Nimm dir nun einen Teller und wasche diesen mit langsamen, kreisenden Bewegungen. Bleib ganz bei dir und dem warmen Wasser. Sieh zu, wie die kleinen Schaumbläschen in allen Farben glänzen und wie sie zerplatzen.

Wenn du magst, atme hierzu tief ein und aus. Ein und aus. Konzentriere dich ganz auf deinen Atem und deine Bewegungen. Sei dankbar für das leckere Essen, dass du gerade zu dir nehmen konntest. Sei dankbar für das saubere Wasser, dass auf Wunsch aus deinem Hahn kommt. Nimm das Plätschern des Wassers wahr, wenn du das Geschirr darin bewegst.

Ansonsten nimm die Stille um dich herum wahr oder

das Lachen deiner spielenden Kinder. Beobachte deine Gedanken und halte sie dabei nicht fest, sondern lasse sie weiterziehen. Sei einfach ein paar Minuten ganz bei dir und achte bewusst auf deine Tätigkeit.

Spüle den Teller nun unter frischem Wasser ab und achte darauf, wie der Schaum herunterrinnt. Trockne den Teller langsam ab oder lege ihn zum Trocknen auf die Ablagefläche. Wenn du mit dem Abwasch fertig bist, lasse das Wasser ab und schaue dabei zu, wie es langsam abfließt. Atme noch einmal tief ein und sei stolz, dass du diese Tätigkeit bewusst und achtsam umgesetzt hast.

Dies soll nicht bedeuten, dass du nun jeden Abend dein Geschirr per Hand abwaschen musst (falls du eine Spülmaschine hast) oder dass du den gesamten Abwasch so intensiv erledigen musst, aber du kannst hin und wieder eine achtsame Handlung daraus machen.

Wie gesagt ist der Abwasch nur ein Beispiel. Du kannst dies mit dem Bügeln, Staubsaugen, Unkraut jäten, Wäsche falten, Abstauben, Kühlschrank einräumen und vielem mehr durchführen. Es geht um Tätigkeiten, die du eh jeden Tag oder mehrmals pro Woche durchführst und die du 3 Minuten dazu nutzen kannst, deine Wahrnehmung zu verändern, zu schärfen und zu intensivieren.

3-Minuten-Tagesrückblick

Dieses sehr effektive Ritual solltest du wirklich in deinen Abend einbauen, da du dich 3 Minuten nochmal ganz bewusst mit dir und deinem Tag, deinen Erlebnissen, Erfolgen, Fragen, Gefühlen und Gedanken beschäftigst.

Schreibe 3 schöne Dinge auf, die dir heute passiert sind. Deine Bestellung des neuen Buchs ist angekommen. Du hast einen Flug gebucht. Du hattest einen lustigen Schnack mit der Kassiererin. Heute morgen hat dich ein Eichhörnchen im Garten neugierig angeschaut. Dein Hund ist an dich gekuschelt auf dem Sofa eingeschlafen.
Dein Kind hat dir ein Bild gemalt. Der Support konnte dir endlich mit dem Drucker helfen (gerade ein heißes Thema bei Svea). Du warst heute beim Sport richtig energiegeladen. Der Smoothie war superlecker.

Oft sind es eben vor allem die ganz kleinen Erlebnisse, die uns echte Energie geben können, wenn wir uns diese Momente nur endlich auch mal verstärkt bewusst machen. Lenke deine Aufmerksamkeit auf die positiven Erlebnisse des Tages, auch wenn sie noch so klein waren. So trainierst du vor allem auch dein Unterbewusstsein darauf, verstärkt schöne Erlebnisse wahrzunehmen, die sonst oft an uns vorbeirauschen oder die wir als „normal" hinnehmen.

Schaue dir dazu auch an, was du dir noch heute morgen notiert hast: Was wolltest du heute umsetzen? Gesund essen? Sport machen? Meditieren? Ein Buch lesen? Eine Freundin anrufen? Gehe genau diese 3 Punkte von heute morgen durch und schau, ob du sie umgesetzt hast. Hänge dich aber nicht daran auf und sei nicht verärgert, dass du diese Punkte nicht umgesetzt hast. So ist es halt, fertig. Und dann überlege, ob du sie dir für morgen nochmal vornimmst.

Schreibe danach 3 Dinge auf, mit denen du deinen Tag hättest besser machen können, z.B. meditieren, weniger TV gucken, weniger Facebook, in Ruhe und bewusst essen, der Kollegin nicht so gestresst antworten, dich dehnen, die Pomodoro-Technik anwenden, früher schlafen gehen. Vielleicht kannst du daraus schon einige Dinge ableiten, die du morgen umsetzen möchtest?

3-Minuten-Dehnung

Bett, Auto, Büro, Auto, Sofa, Bett. Auch, wenn du dich tagsüber ein wenig gedehnt hast oder ein bisschen spazieren gegangen bist, ist es schön, den Körper abends noch einmal zu fordern. Dazu reicht es schon, dich etwas zu dehnen, um deinen Muskeln und Sehnen die nötige Entspannung zu gönnen.

Den ganzen Tag vor dem Laptop oder hinter dem Lenkrad zu sitzen fordert seinen Tribut und nicht selten bekommen wir davon nicht nur Nackenschmerzen, sondern auch Kopfschmerzen oder einen verkrampften Kiefer (damit hat besonders Svea sehr zu hadern).

Durch die ständige Haltung der Arme nach vorne verkürzt sich die Brustmuskulatur und wir bilden sogar manchmal einen kleinen Rundrücken heraus. Wir senken oft den Kopf etwas nach unten (z.B. beim ständigen Blick auf's Handy oder bei schlecht eingestellten Büromöbeln), was wiederum die Nackenmuskulatur überdehnt.

Gehe kurz in dich und spüre, wo dein Körper verspannt ist.

Spürst du Verspannungen im Nacken:

- Bewege den Kopf mehrmals langsam von rechts nach links und lasse den Blick folgen.
- Nicke mit dem Kopf mehrmals von oben nach unten.
- Ziehe die Schultern mehrmals langsam nach oben zu den Ohren und lasse sie zurückfallen.
- Breite die Arme seitlich parallel zum Boden aus, balle eine Faust und kreise die Faust mit kleinen schnellen Bewegungen.

- Winkle nun den Ellenbogen an (die Arme sind immer noch parallel zum Boden) und führe die Ellenbogen mit schnellen Bewegungen nach hinten, als würdest du die Schulterblätter zusammenziehen.
- Mache 5-10 Liegestütze (du kannst dafür

auch auf die Knie gehen).

Spürst du Verspannungen im Rücken:

- Lege dich mit dem Bauch auf eine Matte. Strecke Arme und Beine aus und hebe nun langsam und kontrolliert deinen Oberkörper und die Beine gleichzeitig an. Halte für 2 Sekunden und lege dich wieder ab. Wiederhole dies mehrmals.
- Bleibe auf dem Bauch liegen und lege deine Stirn auf deinen Händen ab. Winkle nun deine Unterschenkel nach oben an. Deine Füße berühren sich.
  Hebe nun deine Knie so weit wie möglich vom Boden ab, bis du die Spannung im unteren Rücken und im Po spürst. Lege die Beine langsam wieder ab und wiederhole dies mehrmals.
- Komme auf alle Viere und mache die Kuh-Katze: Wölbe den Rücken Wirbel für Wirbel zu einem Katzenbuckel. Gehe nun Wirbel für Wirbel in ein Hohlkreuz, so dass du nach oben zur Decke schaust. Wiederhole diese Übung mehrmals. Die Übung mobilisiert die Hals-, Brust- und Lendenwirbelsäule.
- Bleibe auf allen Vieren. Führe den linken Arm auf dem Boden so weit nach vorne wie möglich, bis deine Brust und dein Gesicht fast auf der Matte sind. Schiebe nun deinen rechten Arm und dem linken Arm hindurch – der recht Arm und die rechte Schulter liegen

dabei auf dem Boden. Spüre die intensive Dehnung im Rücken und in der Schulterpartie. Bleibe mehrere Sekunden so liegen und wiederhole die Übung mit der anderen Seite. Diese Übung mobilisiert die Brustwirbelsäule und dehnt die Rücken- und Schulterpartie.

Allgemeine Verspannungen:

- Setze dich im Schneidersitz auf den Boden und beuge dich nach links, bis du deinen Arm auf den Boden ablegen kannst. Achte darauf, dass du mit beiden Sitzbeinhöckern auf dem Boden bleibst. Spüre die Dehnung in deiner rechten Seite. Wiederhole dies mit der anderen Seite.
- Bleibe im Schneidersitz. Drehe deinen Körper nach links und schaue über deine linke Schulter nach hinten. Lege die rechte Hand auf dein linkes Knie und stütze dich mit der linken Hand auf dem Boden ab. Halte die Position ein paar Sekunden und wiederhole sie auf der anderen Seite.
- Lege dich mit dem Rücken flach auf den Boden. Stelle die Füße auf und breite die Arme rechts und links aus.

  Lasse nun deine Beine nach links fallen, während du gleichzeitig deinen Kopf nach rechts drehst. Halte die Position einige Sekunden, bringe Beine und Kopf langsam zur Mitte zurück und wiederhole diese Wirbelsäulendrehung auf der anderen Seite.

3-Minuten-Gehmeditation

Dieses Ritual kombiniert direkt zwei kraftvolle Elemente: die Verbindung mit der Natur und die achtsame Meditation. Diese Meditation wird nicht im Sitzen oder liegen ausgeführt, sondern du bewegst dich dabei aktiv in der Natur.

Während der Vipassana, einer mindestens 10-tägigen Schweigemeditation, wird die Geh-Meditation stundenlang im Zeitlupentempo ausgeführt. Zugegeben, das ist schon eine gigantische Herausforderung und ich, Lasse, weiß nicht, ob ich dazu tatsächlich die innere Ruhe aufbringen könnte. Aber 3 Minuten – das schaffe sogar ich. Und manchmal erwische ich mich sogar dabei, dass bereits 10 Minuten vergangen sind.

Suche dir für die Geh-Meditation einen Park in deiner Nähe, deinen Garten, eine große Wiese oder einen Waldweg. Wenn möglich, stelle dich barfuß auf den Boden und spüre diesen mit deinen Fußsohlen. Schließe die Augen und atme ein paar Mal tief ein. Lockere die Schultern und lass die Arme entspannt neben deinem Körper hängen.

Nun hebst du in Zeitlupe (also wirklich in Zeitlupe) deinen Fuß ein Stück an und setze ihn langsam vor dir ab. Spüre, wie deine Ferse das Gras berührt und sich dein Fuß zum Fußballen hin abrollt. Wiederhole diese langsame Bewegung 3 Minuten lang. Sei mit allen

Sinnen bei dir und nimm wahr, was du mit deiner Fußsohle spürst. Atme dabei langsam ein und aus und wenn du magst, kannst du auch ein Mantra aufsagen, um deine Gedanken bei dir zu behalten. Sage oder denke bei jedem Atmen „Soham". Einatmen: So – Ausatmen: Ham. So-Ham. So-Ham. Soham bedeutet "Ich bin" und verbindet dich zusätzlich ganz mit dir.

Du kannst die Augen beim Gehen auch öffnen und dich dabei auf eine bestimmte Stelle konzentrieren, z.B. einen Baum. Gehe langsam und entspannt auf ihn zu und spreche dabei So-Ham. So-Ham. Wenn deine Monkey Mind, deine wilden Gedanken, immer wieder abschweift, bringe sie einfach zurück zu dir. So-Ham.

Nach 3 Minuten betrachtest du noch einmal bewusst deine Umgebung, das Grün der Wiese oder die rötlichen Blätter der Herbstbäume. Schaue in den blauen oder grauen Himmel, spüre die warme oder kühle Luft auf deiner Haut. Was hörst du? Was fühlst du unter deinen Füßen? Atme noch einmal tief ein und genieße deinen Abend.

Mönch und Zenmeister Thich Nhat Hanh erläutert in seinem Buch „Geh-Meditation" die Kraft dieser Technik inklusive 5 geführter Geh-Meditationen auf CD, die dir vielleicht eine zusätzliche Unterstützung dieser sehr kraftvollen Auszeit sind. Probiere es einfach mal aus!

3-Minuten-Massage

Eine angespannte Muskulatur führt zu Verkrampfungen und Schmerzen. Gönne dir am Abend eine kleine Massage, um so die verklebten Faszien oder verhärteten Muskeln zu lösen.

Am besten funktioniert das natürlich mit deinem Partner, aber du kannst deine Muskeln auch selber massieren. Und das muss gar nicht mal teuer oder aufwändig sein:

Nimm einen Tennisball und stelle dich an die Wand. Platziere den Tennisball nun links oder rechts neben deiner Wirbelsäule und drücke ihn mit dem Rücken an die Wand. Nun kannst du dich rauf und runter bewegen und deinen Rücken massieren. Mit dem Duoball kannst du zusätzlich den Nacken massieren und Verspannungen vorbeugen.

Mit einer Faszienrolle kannst du auch deine Faszien massieren. Faszien sind bindegewebartige Häute, die deine gesamten Muskeln und Organe umhüllen. Sie bilden die Brücke zwischen unseren Knochen und unserer Muskulatur. Dieses kollagene Gewebe verleiht deinem Körper Form, Stabilität und Flexibilität. Durch gezielte Stimulation der kollagenen Gewebestrukturen werden die Durchblutung angeregt sowie die Nährstoffverteilung innerhalb des Gewebes verbessert.

Stelle es dir vor wie bei einem Brotteig, der immer

weiter geknetet wird, bis er geschmeidig ist. Ebenso werden Störungen und Veränderungen der Fasern deiner Faszien mit der Faszienrolle ausgerollt und zur Regeneration angeregt.

Diese Form der Massage wirkt nicht nur bei akuten Problemen, sondern beugt auch Schmerzen und Verletzungen vor.

Je verhärteter und verklebter deine Faszien sind, desto schmerzhafter ist das Ausrollen zu Beginn. Lasse konnte diese Massage zu Beginn an bestimmten Stellen nur 1 Minute und unter Quietschen durchführen, aber er hat tapfer durchgehalten und schon nach ein paar Tagen waren die Schmerzen verschwunden, da die Verhärtungen gelöst wurden.

Fange daher langsam und behutsam an und steigere dich von Mal zu Mal. Lege dich vorsichtig mit der Region, die du ausrollen möchtest, auf die Faszienrolle und bewege deinen Körper vor und zurück. Spürst du zu viel Druck oder sogar Schmerz, entlaste die Region ein wenig.

Sollte es immer noch zu schmerzhaft sein, massiere nicht direkt die Region, sondern die Muskulatur um die Schmerzquelle herum.

3-Minuten-Ganzkörpertraining

Vielleicht hast du den ganzen Tag gesessen: im Auto,

am Schreibtisch, vor dem Laptop, in einer Schulung. Vielleicht verspürst du Verspannungen im Rücken oder Nacken. Vielleicht bist du auch einfach etwas energielos, weil du dich so wenig bewegt hast.
Das ist ganz normal, denn der Körper stellt dir so viel Energie zur Verfügung, wie du verbrauchst. Fährst du den Energieverbrauch runter, läufst du auf Sparflamme.

Vor allem nimmst du auch weniger Sauerstoff zu dir und dein Herz-Kreislauf-System könnte ein kleines Training vertragen, um es etwas zu aktivieren. Deine Muskeln freuen sich über einen kleinen Reiz, damit sie endlich mal wieder gefordert werden. Dabei kommt es nicht zwingend darauf an, direkt eine Stunde Krafttraining zu machen. Das wäre natürlich wünschenswert, aber es passt eben nicht in jeden Tagesablauf hinein.

Raffe dich daher auf und schenke deinem Körper 3 Minuten deiner Zeit: mit der Allround-Übung „Planke", dem Unterarm-Stütz (Englisch: Plank). Sie gehört zu den effektivsten Ganzkörperübungen!

Nahezu die komplette Haltemuskulatur an Rumpf und Rücken ist aktiv, damit du nicht zitternd zusammenbrichst.

Übrigens: Die trainierte Rumpf- und Rückenmuskulatur ist auch extrem wichtig für Alltagsbewegungen wie Kistenschleppen oder von A nach B laufen. Du baust durch die Planke also keine nutzlosen Muskeln auf, sondern profitierst im Alltag ständig von deinem Training. Beim Unterarmstütz sind zudem die Po-, Bein- und Schultermuskeln im Einsatz.

Atme bei allen Übungen bewusst ein und aus, denn wir tendieren dazu, unseren Atem bei Anstrengung etwas zu pressen oder die Luft anzuhalten. Konzentriere dich also bewusst auf deinen Atem, spüre deine Muskulatur und nimm die Entspannung nach jeder Übung wahr. Suche dir 1-2 der untenstehenden Übungen aus oder führe alle durch – je nachdem, wie viel Zeit dir zur Verfügung steht. Da du bei 30 Sekunden pro Übung beginnst, kannst du direkt mehrere Variationen durchführen:

Position 1:
Planke: Einfach auf die Knie gehen, mit den Unterarmen in Schulterbreite am Boden abstützen und die Beine lang machen. Zehenspitzen aufsetzen und den Po anheben, bis der Körper zwischen Rücken, Becken und Beinen eine gerade Linie bildet. Spanne den Po an und ziehe den Bauch bewusst ein. Halte diese Position.
Alternativ kannst du dich auch auf den Händen mit durchgestreckten Armen abstützen. Beginne mit 30 Sekunden und steigere dich auf 45 Sekunden bis hin zu 60 Sekunden.

Position 2:
Seitliche Planke: Stütze dich mit dem linken Unterarm auf dem Boden ab und mache die Beine lang. Stelle die Füße seitlich zum Boden auf, so dass beide Beine

aufeinanderliegen und du „auf der Seite" liegst – mit dem Unterschied, dass du nun das Becken anhebst und der gesamte Körper eine Linie bildet. Du stützt dich nur mit dem linken Unterarm und deinen Füßen auf dem Boden ab.
Po anspannen und Bauch einziehen.

Halte die Position zu Beginn wieder 30 Sekunden, dann steigere dich auf 45 Sekunden oder 60 Sekunden. Seite wechseln.

Position 3:
Reverse Plank: Lege dich auf den Rücken und stütze die Hände unterhalb der Schultern auf dem Boden ab. Hebe nun den Po an, bis Oberkörper und Beine eine Linie bilden. Halte die Position zu Beginn wieder 30 Sekunden, dann steigere dich auf 45 Sekunden oder 60 Sekunden.

Position 4 (wenn du noch Zeit hast):
X-Plank: Gehe in die Liegestütz-Position. Setze Hände und Füße aber nicht schulterbreit auf den Boden auf, sondern spreize sie so weit vom Körper ab, dass es von oben wie ein X aussehen würde. Die Hände also etwas außerhalb der Schultern aufsetzen. Diese Übung trainiert besonders die Muskeln an Rücken und Schultern. Spanne bewusst auch den Po an und ziehe den Bauch ein. Beginne wieder 30 Sekunden, dann steigere dich auf 45 Sekunden oder 60 Sekunden.

3-Minuten-Urlaub

Wäre es nicht schön, zwischendurch einfach mal in Urlaub fahren zu können? Ans Meer, in die Berge, an einen See, in den Wald, in eine schöne Stadt.

Eigentlich geht es ganz einfach: in deinen Gedanken kannst du alles machen, was du möchtest!
Du weißt ja: unterschätze niemals die Kraft deiner Gedanken auf dein Wohlbefinden.
Setze dich an einen bequemen Ort, z.B. auf dein Sofa oder dein Bett. Schließe die Augen und atme ein paar Mal tief ein und aus, um deinem Gehirn zu suggerieren, dass sich dein Körper entspannen kann. Stelle dir nun einen wunderschönen Ort vor: einen weißen Sandstrand mit blauem Meer, eine saftig-grüne Wiese mit bunten Wildblumen, eine Wiese mit einem klaren Bergsee...dir sind keine Grenzen gesetzt.

Wenn du dir z.B. den Strand vorstellst, versuche, mit allen Sinnen dort zu sein. Spüre, wie der sich der warme, weiche Sand unter deinen nackten Füßen anfühlt. Gehe einige Schritte zum Meer und nimm wahr, wie das warme Wasser deine Füße umspült. Die Sonne wärmt deine Haut und eine leichte Brise umgibt dich. Bewundere das intensive Farbenspiel des Meeres: blau, türkis, grün schimmert es vor dir. Die kleinen Wellen rollen langsam heran und du spürst, wie dich das Meeresrauschen entspannt. Über dir fliegen Vögel im strahlend blauen Himmel. Einige kleine Wolken ziehen über dir hinweg. Du drehst dich um und siehst den wunderschönen Palmenstrand:

weißer, feiner Sand mündet in ein Meer von Palmen, die sanft im Wind wiegen.

Nimm die Farben wahr, das intensive Grün, das strahlende Blau und das wärmende Gelb der Sonne.

Das Meer duftet frisch, während es noch immer deine Beine umspült. Gehe ein paar Schritte und nimm die Umgebung in dir auf. Siehst du kleine, farbenprächtige Fische? Und dort liegt eine große Muschel am Strand! Atme noch ein paar Mal tief ein und aus, recke und dehne dich, öffne die Augen und komme zurück ins Hier und Jetzt.
Gönne dir diesen 3-minütigen Mini-Urlaub und genieße ihn mit allen Sinnen. Denke daran: Das Gehirn kann nicht zwischen Realität und Phantasie unterscheiden und mit dieser Visualisierung kannst du Stress, Ärger und den Alltag eindämmen.

3-Minuten-Wahrnehmung

Wir rauschen durch den Tag und nehmen viele Dinge um uns herum gar nicht wirklich wahr. Genau darauf zielen diese 3 Minuten ab: Sei in diesen 3 Minuten ganz bei den Menschen oder Tieren um dich herum. Fokussiere dich ganz auf sie und nimm sie wahr. Dabei sollst du sie natürlich nicht anstarren und ihnen damit vielleicht ein merkwürdiges Gefühl vermitteln. Es geht vielmehr darum, sie einfach zu genießen. Zu genießen, dass sie in deinem Leben sind.

Dein Hund liegt neben dir auf dem Sofa und schläft? Deine Katze liegt zusammengerollt im Sessel? Schau dir an, wie sich der Körper beim ein- und ausatmen bewegt. Höre, wie der Atem langsam und gleichmäßig fließt.
Registriere das weiche, zottelige, kurze, lange oder gelockte Fell und die einzelnen Farbmuster darin. Nimm wahr, wie sich die Nase hin und wieder im Schlaf bewegt oder die Pfoten zucken. Nimm die Liebe wahr, die du gerade zu diesem Tier spürst und die Dankbarkeit, dass es in deinem Leben ist.

Ich, Svea, habe gerade eine kleine Schreibpause eingelegt und bin in einen nahegelegenen kleinen Park gegangen. Und ich war ganz erstaunt, dass aus den sieben kleinen Gänsebabys in nur wenigen Wochen schon richtig große Gänse geworden sind!

Sie schwammen noch immer brav zwischen den Eltern und ich konnte nicht glauben, dass diese bunt schillernden Nilgänse noch vor kurzem kleine fluffige Fellknäule waren. Also stellte ich mich in die Sonne und beobachtete, wie die ganze Familie an Land watschelte, sich putzte und lautstark am Gras herumzupfte. Ich beobachtete sie so still, dass mir der Gänsevater sogar fast über die Füße latschte. Und dabei strahlten sie so eine Ruhe und Selbstverständlichkeit aus, dass ich ganz gerührt war.

Sie haben in den schönsten Farben geglänzt und durch die Sonne schimmerten die verschiedenen Braun- und Blautöne noch intensiver als sonst.

Ich habe einfach nur dagestanden und ihre Farben bewundert, ihre bernsteinfarbenen Augen, die kraftvollen und unglaublich muskulösen Beine (wer hätte gedacht, dass Gänse solche Muskeln haben?), ihr Miteinander, wie die Teenies immer noch brav ihren Eltern folgen, wie aufmerksam der Gänsevater alles beobachtete und im Blick hatte - außer meinen Fuß, über den er wie gesagt fast schon hochnäsig drüberlatschte. Solche Momente rücken so manche Situationen erstmal wieder ins rechte Licht und lassen mich danach wieder ganz anders auf die Welt und mein Leben blicken.

Das gleiche kannst du im Prinzip mit jedem Menschen in deinem Leben machen: beobachte deine Kinder beim Spielen, Malen oder Schlafen.

Schaue deinen Partner an (wie damals bei der ersten Verliebtheit) und entdecke wieder alte und neue Seiten an ihm. Sei einfach mal wieder ganz präsent und sieh diesen Menschen wirklich. Leider geht dies im Alltag allzu oft verloren und wir nehmen Partner, Kinder, Haustiere als ganz selbstverständlich wahr, ohne richtig hinzuschauen.

Kannst du dich noch daran erinnern, wie es war, als du deinen Partner kennengelernt und das erste Verliebtheitsgefühl erlebt hast? Wie gerne du ihn angeschaut hast? Oder als dein Kind geboren wurde: wie oft du über dem Bettchen gestanden und deinem Kind beim Schlafen zugesehen hast?
Genau diese Qualität des bewussten Wahrnehmens

wirst du mit diesen 3 Minuten nach und nach wieder in dein Leben holen und damit auch eine direkte, sehr positive Auswirkung auf deine Beziehungen zu den Menschen spüren, die du liebst.

IDEEN-FUNDUS WEITERER ACHTSAMKEITSÜBUNGEN

Stay Wild, Stay Fresh: Bewahre den Geist eines Anfängers

Wir sind meistens nicht nur in unserem Alltag gefangen, sondern auch in unseren Überzeugungen, Ansichten und Meinungen. Wir haben gelernt, wie bestimmte Dinge funktionieren oder zu handhaben sind.

Wir haben gelernt, wie wir unseren Job erledigen, wie wir auf gewisse Dinge reagieren und welche Ansichten wir vertreten. Das ist auch nicht unbedingt schlimm, aber es kann deinen Blickwinkel extrem einengen und dir auch viele Möglichkeiten verbauen. Möglichkeiten, Dinge neu zu betrachten, Probleme neu anzugehen oder ungeahnte Chancen wahrzunehmen.

Genau hier setzt du an: mache dich frei von dem, was du gelernt oder unbewusst aufgenommen hast! Leichter gesagt als getan, wissen wir. Aber auch hier kommt es einfach wieder darauf ein, etwas bewusster durchs Leben zu gehen und völlig neue Ansichten zuzulassen – und damit auch völlig neue

Ideen in dein Leben zu lassen. Sei offen für alle Möglichkeiten, die sich dir bieten!

Shunryu Suzuki, japanischer Zen Mönch, der die Zen-Bewegung in den USA bekannt machte und Autor des Buches „Anfänger-Geist", sagte dazu: „Wenn unser Geist leer ist, ist er für alles bereit.
Im Anfänger-Geist liegen viele Möglichkeiten, in dem des Experten wenige." Ein Anfänger-Geist ist frei von Vorurteilen und Prägungen, frei von Schubladen-Denken und sekundenschnellen Bewertungen. Frei von deinem bisher existierenden Wissen oder Ansichten.

Du kennst vielleicht den Ausdruck „Tabula Rasa": leere Tafel. Wische erstmal alles von der Tafel, die du jahrelang vollgeschrieben hast (oder die von anderen für dich unbewusst vollgeschrieben wurde). Ein Anfänger-Geist, völlig unbeschrieben und unbelastet, bietet dir die Chance, alles mit anderen Augen und aus einer anderen Perspektive zu sehen.

Du kannst dieses Mindset sowohl beruflich wie auch im Privatleben einsetzen: schiebe alle vorgefertigten Meinungen und Erfahrungen beiseite und entdecke völlig neue Möglichkeiten – ohne mentale Limitierungen. Denke daran, wie Kinder durch die Welt gehen: alles ist neu, alles ist aufregend, alles wird entdeckt. Sei ein Abenteurer und entdecke neue Welten!

Auch, wenn du in deinem Bereich ein Experte bist,

Strukturen und Prozesse entwickelt hast: bleibe weltoffen und abenteuerlustig! Lasse dich durch dein Expertentum nicht einschränken. Dadurch eröffnest du dir die Möglichkeit, völlig neue Lösungsansätze zu erarbeiten oder in Bereiche vorzudringen, die bisher gar nichts mit deiner Expertise zu tun hatten.

Im Privatleben kann dir dieser Ansatz helfen, völlig neue Herangehensweisen für Situationen zu entwickeln, die sich mit deinen Kindern, dem Partner, den Nachbarn oder anderen Menschen in deinem Leben ergeben.

Stelle dir einfach die Frage: „Wie könnte ich anders an diese Situation herangehen?".

Zu Beginn ist es normal, dass du erstmal in alte Muster verfällst und in bekannten Bahnen denkst. Grabe einfach weiter und nimm dir die Zeit und Ruhe, einfach mal anders an die Sache heranzugehen. Out-of-the-box-thinking ist auch ein sehr bekannter Begriff dafür, einfach mal wild zu brainstormen und völlig absurde (auf den ersten Blick jedenfalls) Ideen zuzulassen. Sei kreativ, sei frei, sei anders!

Mache dich frei von Versagensängsten oder davor, dass dir etwas peinlich sein könnte. Du machst das hier erstmal nur für dich. Denke an all die innovativen Querdenker, die Fortschritt überhaupt erst möglich gemacht haben! Sie haben Neues in diese Welt gebracht und haben dafür auf ihren Instinkt vertraut, auf ihre Kreativität.

Es ist egal, was andere davon halten. Es ist egal, was andere von dir denken. Es ist egal, wie andere das machen. Mach es einfach mal anders! Gehe mit offenen Augen durch die Welt, sei wieder Kind, sei Abenteurer. Und sei gespannt, welche neuen Ideen, Möglichkeiten und Wege sich dir eröffnen.

Digital Detox: Offline is „In"

Im Jahr 1984 brachte Motorola das erste Mobiltelefon auf den Markt – und schon knapp ein Vierteljahrhundert später warnt das Unternehmen vor seiner eigenen Erfindung.

Wie jetzt? Wirst du dich vielleicht fragen. Und tatsächlich: Auf einer Website fragt das Unternehmen die Smartphone-Nutzer: "Beherrschen Sie Ihr Telefon – oder beherrscht Ihr Telefon Sie?" Die Kampagne mit alarmierenden Beispielen, mit Tests und Tipps zur Selbsthilfe erinnert nicht zufällig an Aktionen gegen Alkohol und Zigaretten.

Und wie sieht dein Tag so aus?

Morgens 7h: der Smartphone-Wecker klingelt. Du schnappst dir dein Handy und checkst auf dem Weg ins Bad mal fix WhatsApp. Mit Musik wird geduscht und während des Kaffeetrinkens am Frühstückstisch scrollst du durch deinen Facebook-Feed. Noch schnell ein Foto von deiner Kaffeetasse im strahlenden Morgenlicht auf Instagram gepostet und ab ins Büro. Den ganzen Tag pingen E-Mails auf dich ein und wenn du so bist wie ich (Svea), hast du vielleicht auch acht E-Mail Accounts: privat, Büro, 2-3 für deine selbstständigen Aktivitäten, einen für Anmeldungen bei Online-Plattformen wie Fiverr, Kryptowährungen, Newsletter, Webinare etc, damit dein privater Account nicht völlig überschwemmt wird.

Abends gehst du joggen mit Kopfhörern in den Ohren und deiner Playlist vom Smartphone – warum auch mal abschalten bei den Geräuschen des Waldes oder des Sees, den du entlangläufst?

Danach noch ein paar Stunden am Laptop, zum Abschluss Entspannung bei Netflix und dann stellst du den Wecker am Smartphone.

Warst du auch nur eine Stunde ohne digitalen Input? Ich weiß, es ist oftmals schwer, sich diesem zu entziehen – besonders, wenn man auch noch ein Firmenhandy hat und erwartet wird, dass man auch dieses ständig mit sich herumschleppt und erreichbar ist. Dennoch lohnt es sich, diesen Lebensstil einfach mal bewusst zu überdenken und zu beleuchten. Auch hier gibt es sicherlich die Möglichkeit, ein paar Stunden des Tages Digital Detox durchzuführen.

Wenn du morgens den Wecker ausstellst, lässt du dein Handy erstmal im Flugmodus. Denke kurz darüber nach, wofür du dankbar bist. Oder schreibe 3

Minuten in dein Journal. Geh ins Bad, koche Kaffee, genieße dein Frühstück, mache 5 Minuten Yoga...was auch immer du tust: erst kurz bevor du aus dem Haus gehst, beginnt dein reaktiver Teil des Tages. Erst JETZT schaltest du dein Handy ein und nimmst dir 5 bewusste Minuten, um WhatsApp, Facebook, Instagram, Twitter oder die Nachrichten zu checken.

Auch tagsüber kannst du dir ein paar Minuten digitalfreie Zeit gönnen: fokussiere dich auf die Tätigkeit, die du gerade ausführst. Stelle dein Handy in den Flugmodus, leite dein Telefon auf die Mailbox um, klappe deinen Laptop zu.
Falls du gerade am Laptop arbeiten musst: nutze Tools, die dich davor bewahren, dass du von Social Media oder anderen Programmen abgelenkt wirst. Viel zu oft springen wir zwischendurch doch mal schnell zu Facebook, wenn eine Message reinkommt und zack, scrollen wir schon seit 10 Minuten durch den Newsfeed und bleiben bei zig lustigen Katzenvideos hängen.

Erweiterungen wie „Strict Workflow" oder „Blacklist" blockieren von dir festgelegte Seiten für eine bestimmte Zeit, so dass du in dieser Zeit fokussiert arbeiten kannst. Checke deine E-Mails nur 1x pro Stunde oder nur 2x pro Tag zu festgelegten Zeiten, anstatt von deinem Projekt ständig ins Postfach zu springen, sobald eine neue E-Mail reinkommt.

Wir haben uns antrainiert, einfach ständig und überall erreichbar zu sein und füllen ruhige Sekunden mit dem Blick aufs Handy. Nur mal kurz die Uhrzeit gecheckt und schon landen wir bei WhatsApp. Laut Umfrage einer Krankenkasse haben ein Viertel der Befragten schon mal Herzrasen oder Schweißausbrüche bekommen – weil sie ihr Smartphone zuhause vergessen hatten. Jeder Sechste legt sein Handy nicht einmal mehr zum Essen zur Seite.

Ebenfalls jeder Sechste hat es auch bei Treffen mit Freunden und Bekannten immer im Blick oder sogar auf dem Tisch liegen. Erkennst du dich da irgendwo wieder?
Kein Wunder also, dass der Handykonsum mittlerweile auch ein Streitthema in vielen Beziehungen ist.

Vor allem aber erschaffen wir uns selber einen goldenen Käfig, indem wir annehmen, dass alles dringend ist oder dass wir etwas Wichtiges verpassen, wenn wir nicht ständig online sind. Beim Digital Detox geht es daher darum, einfach mal bewusst loszulassen und zu vertrauen, dass auch nach 30 Minuten Digital Detox die Welt noch in Ordnung ist – vielleicht ist deine Welt dadurch sogar ein kleines bisschen besser.

Welche Möglichkeiten hast du also, etwas Digital Detox in dein Leben zu bringen und wieder mehr bewusste Zeit mit dir und deiner Umwelt zu verbringen?

- **Wettbewerb:** Suche dir einen Accountability Buddy, einen Gleichgesinnten also, der dich entweder für dein Vorhaben verantwortlich hält oder das Ding gemeinsam mit dir durchzieht. Der dich unterstützt, dich antreibt und motiviert.

- **Schaffe dir einen Wecker und eine Uhr an:** Eigentlich wolltest du nur mal schnell die Uhrzeit checken und schon bist du seit 5 Minuten in WhatsApp und Facebook versunken.

  Alleine mit dieser kleinen Änderung, einer Uhr, entgehst du der Versuchung schon wieder etwas mehr. Sobald das Handy blinkt, klingelt oder brummt, zieht es unsere Aufmerksamkeit auf sich, reißt uns aus unserer Arbeit und unterbricht Gedankengänge. Darum solltest du alles deaktivieren, was dich ablenkt - zum Beispiel die Push-Funktion, die auf dem Sperrbildschirm anzeigt, dass dir jemand geschrieben hat.

- **Handy-Freitag:** Das Silicon Valley gilt als die Brutstätte für digitale, innovative Ideen. Ausgerechnet von dort kommt dieser Digital-Detox-Tipp: Der Handy-Freitag! Bedeutet: keine Handys am Freitag. Es gilt dort als der Geheimtipp für neue Ideen und Mitarbeitermotivation. Warum? Weil endlich niemand mehr auf sein Smartphone reagieren muss und in Ruhe Ideen entwickeln oder sich auf seine Arbeit konzentrieren kann.

- **Detox-Apps:** Immer mehr Apps messen den Smartphone-Konsum ihrer Nutzer und helfen bei der Entwöhnung.

  So haben Wissenschaftler aus den USA und Großbritannien die App „Space“ entwickelt, die dabei hilft, Digital-Detox-Ziele zu setzen und einzuhalten.

  Einer der Tricks: Bei zu langer Nutzung wird der Bildschirm immer dunkler – bis nichts mehr zu sehen ist. Mit "Forest" züchtest du Bäumchen auf deinem Bildschirm, die bei zu langer Nutzung wieder eingehen. Und "Offtime" oder "Flipd" sperren das Smartphone für bestimmte Zeiträume. Du kannst dabei selbst festlegen, in welchem Umfang sich das Gerät dann noch benutzen lässt.

- **E-Mail Zeiten:** Ab sofort checkst du deine E-Mail nur noch zwei Mal am Tag. Morgens und nachmittags. Wenn irgendetwas wirklich superdringend ist, wird dich dein Kollege schon anrufen und mitteilen, dass er dringend eine Info von dir braucht. Öffne dein Postfach nur zu diesen Zeiten und nimm dir dann auch Zeit, alle E-Mails zu bearbeiten oder zumindest kurz zu beantworten, wenn es wichtig ist. So kommst du allerdings nicht in Versuchung, direkt jede neue hereinkommende E-Mail zu lesen.

- **Lass es darauf ankommen!** Wir erwarten von uns und unseren Mitmenschen, jederzeit erreichbar zu sein und sofort auf Messages, Mails und Bilder zu reagieren.

  Das sorgt bewusst und vor allem unbewusst für sozialen Stress und Druck.

  Probiere einfach mal aus, was passiert, wenn du nicht sofort auf alles antwortest. Und? Genau: es passiert...nichts. Du fühlst dich entspannter und innerlich ruhiger mit dem Gedanken, nicht immer erreichbar sein zu müssen.

Versuche, dir 2-3 Mal am Tag eine kleine Digital Detox Pause von 10 Minuten zu gönnen. Stelle dir dazu einen Wecker und nutze diese Zeit ganz bewusst für dich. Stelle das Handy auf Flugmodus, den PC oder Laptop aus und bemerke, wie sich dein Geist beruhigt:

- Dehne dich
- Steh auf und laufe durch das Bürogebäude
- Halte ein Schwätzchen mit deinen Kollegen
- Trinke eine Tasse Tee oder Kaffee und genieße die Stille beim Blick aus dem Fenster
- Schreibe deine Gedanken nieder
- Meditiere

Nach diesen 10 Minuten kannst du entspannt und mit einem frischen Geist das Handy anschalten, den PC hochfahren – und bemerken, dass du nichts Dramatisches verpasst hast.

Meditation der Herzensgüte

Seien wir mal ehrlich: weder wir sind jeden Tag gut gelaunt, noch sind es unsere Mitmenschen. Jeder hat mal einen schlechten Tag, ist aus welchen Gründen auch immer nörgelig oder kurz angebunden. Und um noch ehrlicher zu sein: wir alle haben unsere Macken. Du. Lasse. Ich. Alle.

Daher kann das zwischenmenschliche Zusammenleben manchmal etwas herausfordernd sein: Der Nachbar nervt uns mit seinem Gemecker über die zu hohe Gartenhecke, die Kollegin gibt uns die wichtige Info nicht rechtzeitig, der Vorgesetzte hat heute mal wieder seinen cholerischen Tag, die Kassiererin war unfreundlich und der Postbote hat das wichtige Dokument geknickt, damit es in den Briefkasten passte.

Menschen sagen und machen manchmal Dinge, die direkt auf uns einwirken und die wir manchmal auch persönlich nehmen – obwohl es oftmals gar nicht die Intention unserer Mitmenschen war. Manchmal kommen Dinge einfach anders rüber als gedacht und manchmal sind Menschen auch einfach nur Menschen: mit all ihren Sorgen, Macken,

Angewohnheiten und Ansichten.

Durch ein paar unbedachte Äußerungen fühlen wir uns ungerecht behandelt. Sie haben einen wunden Punkt gefunden oder einen Knopf gedrückt – und schon werden unsere Unsicherheiten und Ängste aktiviert. Wir fahren noch stundenlang danach ein Kopfkino, fühlen uns unwohl oder sogar belastet. Manchmal machen wir so aus einer Mücke den allseits beliebten Elefanten, der uns die ganze Sicht nimmt. In so einer Situation ist es nicht immer einfach, im Hier und Jetzt präsent zu bleiben, keine Frage. Nicht immer können wir uns von Nörgeleien und der Negativität anderer distanzieren und nicht immer schaffen wir es, dabei relaxt und ausgeglichen zu bleiben. Oder sogar darüber lächeln zu können.

Genau an solchen Tagen ist es eine sehr effektive Strategie, die Meditation der Herzensgüte durchzuführen. Diese buddhistische Meditation regt dazu an, Mitgefühl für deine Mitmenschen zu entwickeln – egal, ob sie es in deinen Augen verdient haben oder nicht. Egal, ob du sie magst oder nicht. Es geht im ersten Schritt erst einmal darum, dass du dich wieder besser fühlst und dich von bestimmten negativen Gefühlen besser distanzieren kannst. Wenn es dir gut geht, kannst du dafür sorgen, dass es auch anderen gut geht.

Die Meditation der Herzensgüte ist eine bedingungslose, umfassende Liebe. Dieses Gefühl hat keine Bedingungen und erwartet nichts. Es ist

nicht auf Freunde oder Familie beschränkt, sondern kann alle Lebewesen mit einschließen.
Kurz gesagt: mit dieser Meditation führst du dir vor Augen, dass andere Menschen, auch wenn sie gerade noch so anstrengend und nervtötend sind, unser Mitgefühl und unsere Akzeptanz verdienen. Studien haben herausgefunden, dass diese Meditation Gefühle von Liebe, Freude, Zufriedenheit, Dankbarkeit, Güte, Stolz, Hoffnung etc. verstärkt. Dies vermindert nicht nur Konflikte in Beziehungen, sondern erhöht vor allem dein eigenes Wohlgefühl.

Jack Kornfield, einer der bekanntesten Meditationslehrer unserer Zeit, ist promovierter Psychologe und Psychotherapeut, war Mönch in Thailand, Burma und Indien. Seine Meditationen für Anfänger enthalten auch eine Meditation für mehr Mitgefühl und Güte.

Wir haben dir hier eine Meditation der Achtsamkeit, der Herzlichkeit, der Güte und der Freundschaft aufgeschrieben. Du kannst die Sätze natürlich gerne so anpassen, dass sie sich für dich gut anfühlen, denn nur darauf kommt es an.

Du kannst die folgenden Sätze laut aussprechen oder still denken:

Möge ich frei sein von innerem und äußerem Leid.
Möge ich sicher und beschützt sein.
Möge ich frei sein von seelischem Leid oder Verzweiflung.

Möge ich glücklich sein.
Möge ich frei sein von physischem Schmerz und Leid.
Möge ich gesund sein.
Möge ich glücklich, friedlich, fröhlich und mit Leichtigkeit auf dieser Welt leben.

Nun denkst du an eine Person, die in dir das Gefühl purer, bedingungsloser Liebe weckt und das nicht davon abhängt, etwas zurückzuerhalten. Das könnte ein Elternteil sein, deine Großeltern, dein Kind, ein Mentor,...einfach jemand, dem du Respekt und Ehrerbietung entgegenbringst. Wiederhole diese Sätze für diese Person:

Möge sie/er glücklich sein...

Nun stelle dir eine Person vor, die du als lieben Freund betrachtest und wiederhole die Sätze mit diesem Freund vor Augen.

Nun stelle dir eine neutrale Person vor, die dir weder wichtig noch unwichtig ist. Wiederhole diese Sätze und spüre Herzlichkeit und liebende Achtsamkeit für diese P.erson und ihr Wohlergehen.

Nun stelle dir eine Person vor, für die du gerade negative Gefühle wie Wut, Ärger oder Abneigung empfindest. Eine Person, die dich gerade wirklich nervt oder die du vielleicht sogar hasst. Wiederhole diese Sätze auch für diese Person. Wenn es dir schwerfällt, kannst du den Satz auch so beginnen: „Ich gebe mein Bestes und wünsche dir, dass...".

Wenn du feststellst, dass du dieser Person weiterhin Schlechtes wünscht oder sehr negative Gefühle entgegenbringst, dann gehe zurück zum zweiten Schritt (zu einer Person, die du verehrst) und lasse erneut die herzlichen Gefühle in dir zu. Dann kehre zurück zu dieser Person.

Nach dieser schwierigen Person richtest du deine Aufmerksamkeit auf alle lebenden Wesen. Bleibe in Verbindung mit der Herzlichkeit und Liebenswürdigkeit und visualisiere die Welt und alle Lebewesen.
Mögen alle Wesen sicher, glücklich, gesund sein und voller Freude leben.
Mögen alle Lebewesen sicher, glücklich, gesund sein und voller Freude leben.
Mögen alle atmenden Lebewesen sicher, glücklich, gesund sein und voller Freude leben.
Mögen alle Individuen sicher, glücklich, gesund sein und voller Freude leben.
Mögen alle existierenden Lebewesen sicher, glücklich, gesund sein und voller Freude leben.

Du kannst alternativ für dich und andere Menschen auch diese Sätze sprechen oder denken:

Möge ich vor Schaden sicher sein.
Möge ich glücklich sein, wie ich bin.
Möge ich Frieden finden mit allem, was geschieht.
Möge ich gesund und stark sein.
Möge ich für mich in dieser sich stetig verändernden

Welt voller Freude sorgen.

Beginne bei dir und bewege dich nun in den direktes Umfeld (Eltern, Freunde etc). Binde jedes Lebewesen mit ein:

Mögen alle Lebewesen in der Luft, an Land und im Wasser sicher, glücklich, gesund und frei von Leid sein. Du kannst sogar so weit gehen, dass du diese Herzlichkeit und Güte so weit ausstrahlst, bis du die Erde und das umfassende Universum visualisierst. Wenn das für dich einen Schritt zu weit oder nicht greifbar ist, bleibst du einfach bei dir und den Menschen, die dir nahestehen.

Pomodoro-Technik

Wer kennt sie nicht: die kleine, rote Tomaten-Uhr aus der Küche. Und genau diese kann dich noch produktiver machen und dir helfen, deine Zeit effizienter – und damit achtsamer – zu gestalten. Die Pomodoro-Technik ist wirklich genial und hilft dir supereinfach, eine kleine Struktur in deinen Alltag zu bringen. Sie ist eine Methode des Zeitmanagements, die von Francesco Cirillo entwickelt wurde.

Pomodoro heißt auf Italienisch Tomate. Das System verwendet einen Kurzzeitwecker, um Arbeiten in 25-Minuten-Abschnitte zu unterteilen, die von kurzen Pausen unterbrochen werden. Der Grund: Durch die häufigen Pausen soll sich die geistige Beweglichkeit

verbessern.
Außerdem vermeidest du Überlastung und gönnst Körper und Geist kleine Pausen, die ansonsten meistens untergehen.

Alle Arbeiten werden in 25 Minuten Arbeitseinheiten unterteilt. Das rührte ganz einfach daher, dass die Eieruhr, die Cirillo verwendete, nur eine Laufzeit von 25 Minuten hatte - manchmal sind Gründe so einfach. Nach jedem dieser Arbeitseinheiten wird eine fünfminütige Pause eingelegt. Nach vier Arbeitseinheiten kommt dann eine längere Pause von 25 Minuten.

Wie findest du eine Aufgabe, die genau 25 Minuten dauert?

- Die Aufgabe ist zufälligerweise in 25 Minuten zu schaffen
- Mehrere kleinere Aufgaben werden in 25 Minuten zusammengefasst (zum Beispiel E-Mails überfliegen, Inbox leeren, die Wichtigsten beantworten)
- Große Aufgaben werden in 25 Minuten Einheiten unterteilt

Plane deine zu erledigenden Aufgaben – große und kleine – für den aktuellen Tag, indem du sie aufschreibst. Dadurch kannst du auch den zeitlichen Aufwand besser einschätzen. Nun kannst du sie in eine Liste bzw. in die einzelnen Pomodoro-Zeiten einteilen.

Folge diesen fünf Schritten:

- Formuliere die Aufgabe schriftlich

- Stelle den Wecker auf 25 Minuten

- Du arbeitest an der Aufgabe, bis der Wecker klingelt. Keine Sekunde länger

- 5 Minuten Pause

- Sobald du vier Einheiten abgearbeitet hast, machst du 30 Minuten Pause

Wir empfehlen, in der ersten Pomodoro-Einheit alle Einheiten des Tages zu planen und eine genaue Liste der nächsten Schritte zu machen. Damit startest du wesentlich organisierter in den Tag und wirst auch effizienter arbeiten.

So könnte eine Pomodoro-Einheit beispielsweise aussehen:

<u>Erste Einheit 8:00 Uhr bis 8:25 Uhr</u>:

- Planung der kommenden sieben Pomodoro Einheiten

<u>Zweite Einheit 8:30 Uhr bis 8:55 Uhr</u>:
E-Mails bearbeiten und aufräumen

- Alle E-Mails überfliegen und in dringend, wichtig und unwichtig einteilen

- Dringende E-Mails direkt beantworten und bearbeiten
- Wichtige E-Mails kurz beantworten, später bearbeiten
- Unwichtige E-Mails als letzten Schritt abarbeiten
- Postfach aufräumen und unwichtige E-Mails löschen oder alle E-Mails in entsprechende Unterordner schieben

Dritte Einheit 9:00 Uhr bis 9:25 Uhr:
Recherche zum nächsten Buch

- Ideen brainstormen
- Im Internet zu diesem Thema recherchieren
- Liste vervollständigen
- Mitbewerberanalyse durchführen

Vierte Einheit 9:30 Uhr bis 9:55 Uhr:
Telefonate führen

- Telefonate des Tages definieren
- Telefonate nach Wichtigkeit kategorisieren
- Die wichtigsten Gespräche direkt führen

10:00 Uhr bis 10:30 Uhr: Pause
Ab hier kannst du weitere Einheiten planen.

Tipps für den Anfang
Du musst nicht unbedingt sofort deinen gesamten Tag mit der Pomodoro-Technik durchplanen. Vielleicht ist das zu Beginn einfach etwas too much und ein zu großer Umbruch. Wie schon öfters erwähnt: lieber kleine Schritte, dafür konsequent und stetig.

- Beginne zunächst einmal mit nur einer Session (also vier Pomodoro-Einheiten).
- Versuche, alle möglichen Störungen zu vermeiden oder zu minimieren.
- Wenn du merkst, dass du damit gut zurecht kommst, kannst du die Anzahl auf acht Pomodoro-Einheiten erhöhen.

Sei dabei vor allem auch realistisch, denn es ist gerade im Büro nicht immer machbar, störungsfrei und ohne Unterbrechungen von außen zu arbeiten. Aber auch hier gibt es ein paar Möglichkeiten:

- Stoppe den Timer bei kurzen Unterbrechungen (< 1 Minute) nicht.
- Stoppe den Timer erst bei großen Unterbrechungen. Dadurch verlängern sich dann allerdings die Einheiten. Vielleicht macht es daher Sinn, nach der Unterbrechung eine zusätzliche Pause einzulegen, bevor du den Timer wieder startest und deine ursprüngliche Arbeit wieder aufnimmst.
- Du kannst auch deinen Vorgesetzten ins Boot holen. Sprich mit ihm darüber, was du vorhast und frage nach einem Testzeitraum. Hole dir so die Erlaubnis, dass dich in dieser Zeit keiner stören darf, du das Telefon umleiten darfst und auch die Erlaubnis hast, dein Mobiltelefon auszuschalten und auf andere Benachrichtigungen (wie zum Beispiel E-Mails) in dieser Zeit nicht sofort reagieren musst.

Slow Work statt Multitasking

Wir haben die irrsinnige Vorstellung, heutzutage alles im Multitasking-Modus zu erledigen. Handy zwischen Schulter und Ohr eingeklemmt, während wir E-Mails schreiben und Unterlagen suchen. Multitasking is king...wird uns suggeriert. Leider kommt diese Einstellung aber auch mit ein paar negativen Seiten daher: Indem du von einer Aufgabe zur nächsten eilst oder sogar mehrere Aufgaben parallel erledigst, beraubst du dich mitunter des Erfolgsgefühls, wenn du eine Aufgabe erledigt hast.

Schon wieder rauscht irgendwie alles nur an dir vorbei. Du erledigst zwar enorm viele Dinge und Aufgaben, aber so richtig bewusst mitbekommen hast du es eigentlich gar nicht. Paradox ist, dass wir manchmal sogar eher das Gefühl haben, heute irgendwie nichts geschafft zu haben. Weil wir uns keine Sekunde genommen haben, unsere Tätigkeiten wirklich zu realisieren.

Alles soll so schnell wie möglich erledigt werden – wenn es geht, schon gestern. Man wird manchmal sogar schmunzelnd aufgezogen mit den Worten: „Wie jetzt, bist du nicht multitaskingfähig?". Produktivität und Effizienz werden in unserer heutigen Gesellschaft groß geschrieben. Immer schneller, aber dabei bitte auch immer besser.

Mittlerweile haben Studien allerdings dargelegt, dass das hin-und-herspringen zwischen verschiedenen

Aufgaben und Denkprozessen die Produktivität eher hindert als fördert.

Die Gegenmaßnahme: Slow Work. Bring in alles, was du tust, etwas Ruhe hinein. Nimm dir Zeit, jede Aufgabe sorgfältig zu erledigen, anstatt alles halbherzig abzureißen und du wirst feststellen, dass du produktiver und zufriedener wirst.

- **Erledige nur eine Aufgabe**
  Fokussiere dich auf die Aufgabe, die vor dir liegt. Widme dich der Umsetzung – auch, wenn sie heute noch nicht fertig wird. Nimm dir 30 Minuten, 1 Stunde oder eine für dich passende Zeit, in der du dich nur auf diese eine Aufgabe konzentrierst. Hierfür kannst du ganz hervorragend die Pomodoro-Technik anwenden, die du oben bereits kennengelernt hast.

- **Lerne, nein zu sagen**
  Zugegeben, das ist etwas, das den meisten Menschen schwer fällt. Uns auch. Wir möchten helfen, gefallen und als Teamplayer dastehen. Und wir möchten Menschen nicht ablehnen oder vor den Kopf stoßen. Trotzdem musst du nicht jedes Mal deine Arbeit unterbrechen, wenn gerade jemand deine Aufmerksamkeit fordert. Sage höflich, dass du dich später zurückmeldest und arbeite konzentriert weiter. Vielleicht verschafft dir das in den Augen anderer Menschen sogar noch

mehr Respekt, da sie merken, dass du zuverlässig bist und dich voll und ganz dem widmest, was du gerade tust.

- **Qualität statt Schnelligkeit**
  Anstatt so viele Aufgaben wie möglich so schnell wie möglich abzuschließen (und dabei womöglich einige Fehler einzubauen), lege mehr Wert auf Qualität. Bringe Projekte zu Ende, die ordentlich und überlegt umgesetzt wurden – und die somit nachhaltiger für deinen Erfolg und deine Zufriedenheit sind.

- **Enjoy the moment = Genieße den Prozess**
  Denn mit diesem verbringst du die meiste Zeit. Natürlich ist es großartig, das erfolgreiche Ergebnis zu feiern, aber im Verhältnis zu dem vorangegangenen Prozess verbringen wir doch weitaus weniger Zeit mit dem Ergebnis als mit dem Prozess selber. Daher ist es umso wichtiger, dass dir dieser Spaß macht, du etwas dabei lernst und dich darauf einlässt. Du beraubst dich tatsächlich der vielen (interessanten, spannenden, lehrreichen, lustigen, herausfordernden) Zeit, die du mit der Umsetzung verbringst. Das Ziel ist es, das Tun zu genießen und nicht nur das Ergebnis.

Achte auf deine Gedanken

Deine Gedanken haben eine unglaubliche Kraft und somit auch eine große Macht über dich. Sie spiegeln nicht einfach nur Erlebnisse oder Erfahrungen wider, sondern steuern auch deine Emotionen wie z.B. Freude, Trauer, Wut, Ärger, Eifersucht. Du hast nun die Wahl, dich diesen Gefühlen einfach hinzugeben und darin zu versinken, oder diese Gefühle bewusst zu steuern – indem du aktiv auf deine Gedanken achtest.

Vielleicht wachst du schon morgens mit Sorgen und Ängsten auf und steuerst so direkt in die Abwärtsspirale der negativen Gefühle und Gedanken. Daher ist es wichtig, dass du dir dieser schlechten Angewohnheit bewusst wirst, denn damit gewinnst du wieder die Kontrolle über deine Gedanken und damit auch dein Leben.

Zwei sehr effektive Strategien sind ja das bereits angesprochene 60-Sekunden-Lächeln sowie die 3-Minuten Dankbarkeitsmeditation.
In diesem Moment trickst du dein Gehirn nicht nur physisch aus (Lächeln = gehobene Mundwinkel = Aktivierung des Muskels = Aktivierung der Nerven = Gehirn: Freude), sondern auch psychisch (Dankbarkeit = schöne Momente = warmes Gefühl = Gehirn unterscheidet nicht zwischen Fiktion & Realität).

Ebenso ist es hilfreich, deine Gedanken einfach nur eine gewisse Zeit zu beobachten. Was schießt dir durch den Kopf? Welche Gedanken wechseln sich ab? Wichtig dabei ist, dass du dich von den Gedanken abgrenzt und sie mit Abstand betrachtest. Stelle dir vor, du schaust einen Film oder siehst die Erinnerungen einer anderen Person. Durch diesen Bruch nimmst du den Gedanken die Macht über deine Gefühle.

Beobachte also den Gedanken, fühle die Emotion und betrachte deine Reaktion, ohne ein persönliches Problem daraus zu machen. Als stiller Beobachter deiner Gedankenwelt kannst du dich nämlich von ihnen und der emotionalen Macht, die sie über dich haben, lösen. Je weniger du dich mit deinen Gedanken identifizierst und je mehr du sie beobachtest, umso leichter findest du zu innerer Ruhe und erreichst mehr Zufriedenheit.

Schließe die Augen und atme langsam und tief in den Bauch ein. Lasse einfach alle Gedanken kommen und gehen.

Halte keinen Gedanken fest und spinne daraus keine Geschichte weiter – registriere, dass er da ist und lasse ihn ziehen. Du kannst auch bei jedem Gedanken sagen: denken, denken, denken. Damit stellst du klar, dass du diesen Gedanken zwar realisiert hast, diesem aber nun keine weitere Beachtung schenkst, ihn nicht beurteilst oder hinterfragst. Das Ziel ist es, dich von diesen Gedanken zu distanzieren.

Die Gedankenmuster aber solltest du ebenso beachten, wie die Frage, wie häufig diese Gedanken auftreten und wie spontan sie entstehen. Betrachte deine Gedanken einfach als Objekte ohne Kraft, die zufällig in deinem Geist herumschwirren. Dadurch reduzierst du auch die Auslöser, die sie in deinen Emotionen erzeugen. Nach ein paar weiteren Atemzügen öffnest du die Augen und beginnst mit deinem gewohnten Tagesablauf.

Go Green: Raus in die Natur

Wenn wir ehrlich zu uns sind, verbringen wir die meiste Zeit draußen in der „Natur" auf unserem Weg vom Haus ins Auto, Auto ins Büro, Büro ins Auto, Auto ins Haus. Eventuell passt noch der Weg zum Supermarkt oder der Bummel mit den Kollegen in der Mittagspause dazu. Und auch diese Momenten nehmen wir gar nicht wirklich wahr, sondern sie dienen dazu, von A nach B zu kommen.

Doch gerade ein paar bewusste Minuten in der Natur haben einen großen Einfluss auf dein gesamtes mentales und körperliches Wohlbefinden. Der Grund: Durch die Zeit, die du in der Natur verbringst, wird dein Immunsystem gestärkt.

Des weiteren werden Angstzustände und Depressionen gelindert und deine Kreativität sowie die Konzentration gefördert. Ebenso baust du Stress ab und stärkst deine Gedächtnisleistung.

In Japan gilt z.B. Waldbaden sogar als Medizin! Shinrin-yoku ist japanisch für Waldbad. Das japanische Landwirtschaftsministerium führte Shinrin-yoku schon Anfang der achtziger Jahre ein und förderte ein millionenschweres Forschungsprogramm, um die medizinische Wirkung des Waldbadens nachzuweisen. Vor zwölf Jahren eröffnete dann das erste Zentrum für "Waldtherapie" und japanische Universitäten bieten inzwischen eine fachärztliche Spezialisierung in "Waldmedizin" an. Bis zu fünf Millionen Japaner nutzen jedes Jahr die angelegten Wege des Nationalen Erholungswaldes von Akasawa. Eigentlich ganz cool, oder? Wortwörtlich back to the roots.

Der Evolutionsbiologe Edward O. Wilson hat dafür sogar einen Begriff: Biophilia. Laut ihm sind wir genetisch dazu bestimmt, die Natur zu lieben und wir sind Teil des Web Of Life.

Unsere Verbindung mit der Natur sei "das Resultat eines Jahrmillionen langen Evolutionsprozesses", schreibt der österreichische Biologe Clemens Arvay in seinem 2016 erschienenen Buch „Der Biophilia-Effekt".

In Studien zeigten Forscher, dass Menschen offene, abwechslungsreiche Landschaften bevorzugen, die Überblick und Schutz zugleich bieten, also Grünflächen mit Bäumen und Gewässern, Wälder mit Lichtungen. Der amerikanische Ökologe Gordon Orians fand heraus, dass wir Bäume mit hohen, ausladenden Kronen schätzen, die uns Schatten spenden. Außerdem Bäume, deren Äste so angeordnet sind, dass wir leicht an ihnen hochklettern könnten, und Bäume, die essbare Früchte bieten – und natürlich verwertbares Holz für ein wärmendes Feuer.

Bereits 1984 sorgte der schwedische Forscher Roger Ulrich mit einer Studie für Aufsehen, der zufolge Patienten schneller gesund werden, wenn sie ins Grüne schauen. Außerdem kamen diese Patienten mit weniger Schmerzmitteln aus.

Laut Angela Schuh vom Lehrstuhl für Public Health und Versorgungsforschung an der Ludwig-Maximilians-Universität in München tut es gut, Bäume anzuschauen, aber auch das Mikroklima hat einen Effekt.

Die Atmosphäre des Waldes, das gedämpfte Licht, die Stille, die Anwesenheit von Wasser ließen uns zur Ruhe kommen. Wir fühlen uns weniger gestresst, erholen uns, schlafen besser. Der Wald wirkt entschleunigend, die frische, kühle Luft stärkt und vitalisiert.

Die positiven Kräfte der Natur kannst du aber glücklicherweise selbst als Stadtbewohner für dich nutzen, wenn du die natürlichen Elemente um dich herum achtsam beobachtest. Wenn du kannst, gehe dazu in einen Park oder auf eine größere Grünfläche, wo du nicht durch vorbeifahrende Autos oder

Nachbarn gestört wirst. Ein paar Autos sind kein Problem, aber du solltest nicht gerade direkt neben der befahrendsten Straße deiner Stadt stehen. Mache an diesem Ort einige tiefe und reinigend Atemzüge und richte dann die volle Aufmerksamkeit mit allen Sinnen auf deine Umgebung. Konzentriere dich auf die Geräusche um dich herum, auf die Gerüche, die dich umgeben und beobachte deine Umgebung achtsam. Danach schließt du die Augen schließen und dankst der Natur, dass sie für dich da ist und dir diese Minuten schenkt.

Fahre achtsam Auto, Bus und Bahn

Pendeln gehört heute für viele Arbeitnehmer zum Arbeitsalltag. Wir verbringen oft hunderte von Stunden mit der Fahrerei zur Arbeit und zurück – manchmal im Zug, doch viele auch im Auto.
Allzu oft sitzen wir dabei geistlos hinter dem Steuer und stellen somit eine Gefährdung für uns und andere dar. Wir fahren auf Autopilot und wissen manchmal oft gar nicht, wie wir schon an dieser Ausfahrt angekommen sein können und wo die restlichen 25 Minuten geblieben sind.

Wenn du dich erinnerst, habe ich (Svea) diese Pendelei 3 Jahre lang durchgezogen. Es war ein stumpfes Abreißen der Strecke, inklusive Berieselung durchs Radio.

Und auch für die körperliche und geistige Gesundheit

ist diese Zeit im Auto nicht sonderlich gut. Beispielsweise steigt der Cholesterinspiegel an, was die Neigung zu Depressionen fördert.

Aber auch Rückenschmerzen, ein zu hoher Blutdruck und verstärkte Angstgefühle können eine Folge sein. Insgesamt sinkt also die Zufriedenheit der Menschen massiv ab. Die Folge: Die Zeit rast völlig unbemerkt an uns vorbei. Wir lassen uns vom Radio und den obligatorischen negativen Nachrichten berieseln, ohne sie wirklich wahrzunehmen.

Dem kannst du aber vorbeugen.

Atme ein paar Mal tief ein und aus, nachdem du ins Auto gestiegen bist und bevor du losfährst. Nimm wahr, wie sich dein Körper auf dem Sitz anfühlt. Die Hände am Lenkrad. Der Fuß auf den Pedalen. Lass das Radio aus, da es deine Gedanken nur ablenkt und für das Gehirn wieder eine weitere Informationsquelle darstellt, die es verarbeiten muss. Schalte dein Handy stumm. Und nun beachte während der Fahrt all die Dinge, an denen du täglich achtlos vorüber fährst. Die Gärten der Nachbarn. Die kleinen Geschäfte. Die Häuser und Bäume, die Weiden, die Autos, die dir begegnen. Nimm auch die Geräusche deines Autos und deiner Umgebung wahr.

Fahre doch einfach mal etwas langsamer als sonst. Wenn dich ein anderer Autofahrer schneidet oder du unvermutet im Stau stehst, nimm die aufkommenden

Gefühle wie Wut oder Ärger einfach nur wahr. Ändern kannst du es eh nicht, also ärgere dich auch nicht unnötig darüber, was nur zu mehr Stress führt.
Sei einfach dankbar, dass du diese Zeit nun für dich nutzen kannst und „gezwungen" bist, etwas Ruhe und Achtsamkeit in dein Leben zu bringen.

Eine rote Ampel kannst du nutzen, indem du wieder ein paar Mal tief einatmest und die Umgebung betrachtest. Nimm sie wirklich wahr! An deinem Zielort schaltest du den Motor ab, nimmst in aller Ruhe drei tiefe Atemzüge und startest in deinen Alltag.

Mache das Gleiche, wenn du mit Bus und Bahn fährst. Spüre den Sitz unter dir, die Haltestange in deiner Hand. Das Ruckeln und alle Bewegungen des Gefährts. Höre das Murmeln der anderen Fahrgäste oder fokussiere dich ganz auf die Umgebung, durch die du fährst.
Da du nicht aktiv am Straßenverkehr teilnimmst, kannst du diese Minuten ganz besonders gut nutzen, um einfach mal das Leben um dich herum wahrzunehmen und die Gegend, durch die du jeden Tag fährst, mal ganz anders kennenzulernen.

Die E-Mails achtsam checken

Der erste Handgriff im Büro: zur Kaffeetasse. Aber direkt der zweite Handgriff geht meistens schon zum E-Mail Postfach, das dann auch erst abends beim Verlassen des Büros geschlossen wird. Selbst dann

kann es noch passieren, dass der eine oder andere die beruflichen Mails noch abends über das Smartphone abruft.
Die Überprüfung des Posteingangs hat für viele Menschen schon einen fast suchtartigen Charakter. Sie checken den Posteingang nicht selten Dutzende Male am Tag und erzeugen mit diesem Verhalten (oft unbewussten) Stress und Druck.

Laut einer Studie erhöhen das Checken des Posteingangs und das Senden von E-Mails deinen Blutdruck. Die Herzfrequenz steigt, der Blutzuckerspiegel und die Konzentration des Stresshormons Cortisol steigen an. Noch dazu kommt, dass wir jedes Mal aus unserer Tätigkeit gerissen werden, denn wir achten ständig darauf, wenn neue E-Mails hereinkommen und lesen diese dann oftmals auch direkt. Dies führt dann zusätzlich zu Konzentrationsverlust und verminderter Produktivität.

Entscheide dich also bewusst dafür, wie oft du deinen Posteingang täglich wirklich überprüfen musst.

Oftmals reicht es aus, die E-Mails 1-2 Mal täglich zu checken und ansonsten fokussiert zu arbeiten. Natürlich gibt es Phasen, in denen es notwendig sein kann, die E-Mails öfters zu checken, z.B. in der Endphase eines wichtigen Projekts. Ein guter Mittelweg besteht darin, die Mails einmal jeweils vormittags, gegen Mittag und nachmittags zu checken. Zudem solltest du sämtliche Nachrichtenfunktionen ausschalten, die dich über den Eingang eines Mails informieren.

Wenn du dann die E-Mails bearbeitest, kannst du auch hier bewusster vorgehen. Nimm dir deinen Zeit-Slot, den du dir für die Beantwortung der E-Mails vorgenommen hast, wirklich nur für diese Tätigkeit. Sei voll und ganz dabei und widme den Absendern deine Aufmerksamkeit. Es ist hilfreich, wenn du dir bewusst machst, dass du tatsächlich mit einem anderen Menschen kommunizierst und nicht mit einem System. Stelle dir beim Beantworten der Mails also den entsprechenden Menschen vor, so dass du auch den richtigen Tonfall triffst.

Und denke daran: das geschriebene Wort liest sich beim Gegenüber manchmal anders, als du es eigentlich gemeint hast. Die Intonation fehlt hier, so dass einiges harscher oder unfreundlicher rüberkommen kann, als du wolltest.

Da in den meisten, zumindest geschäftlichen E-Mails eher nicht mit Smileys gearbeitet wird, kannst du deine Wort hierdurch nicht abpuffern.
Daher ist es ratsam, hier wirklich auf die Formulierung der Sätze zu achten, denn viel zu schnell sind manche für dich total logisch erscheinenden Aussagen getätigt, die beim Anderen ganz anders ankommen.

Es macht auch durchaus Sinn, wenn du die Mails sortierst und in bestimmten Ordnern sammelst. Etwa nach Kriterien wie „Dringend", „Nur Info" etc.

Belebe deine Beziehungen

Eines der größten Bedürfnisse der Menschen ist das Gefühl der Zugehörigkeit. Geliebt und verstanden zu werden. Enge Beziehungen haben eine stärkende Auswirkung auf unsere Gesundheit und unser Wohlgefühl. Wenn wir wissen, dass wir liebe Menschen um uns herum haben, die immer für uns da sind, geht es uns einfach gut.

Familie und Freundeskreis bieten uns eine große Stabilität sowie einen Ort des Rückzugs.

Doch wir alle kennen es: viel zu oft gehen diese Beziehungen im stressigen Alltag einfach unter. Du kommst abends nach Hause und noch während du deine Tasche im Flur abstellst, planst du schon das Abendessen. Deine Kinder stürmen auf dich zu und erzählen dir in Stereo, was in der Schule passiert ist.
Dein Partner kommt nach Hause und du spürst, dass er vom Tag gestresst ist und irgendwas mit sich herumträgt, während du noch schnell ein paar WhatsApp Nachrichten beantwortest oder mit den Gedanken selber noch im Büro bist. Jeder geht im Kopf seinen eigenen Gedanken nach, bis nach dem Essen der Fernseher angeschaltet wird – du möchtest einfach nur ein paar Minuten entspannten und dich ablenken lassen.

So gehen Telefonate mit lieben Freunden, Quality-Time mit den Kindern und dem Partner oft unter. Obwohl uns diese Menschen so wichtig sind, finden wir kaum Zeit für sie und verschieben das Treffen mit der Freundin von Woche zu Woche, bis wir irgendwann feststellen, dass wir uns schon seit Monaten nicht mehr gesehen haben – und dann kann man es oft selber kaum glauben, dass schon wieder so viel Zeit vergangen ist.

Erst in Zeiten einer Krise bemerken wir wieder, wie wichtig die enge Beziehung zu unseren liebsten Menschen ist. Dass sie es sind, die immer für uns da sind, uns aufbauen, motivieren, liebevoll kritisieren, hinterfragen, überraschen und inspirieren. Sie sind es, die nachts kommen würden, wenn wir verzweifelt am Boden wären. Die uns abholen, wenn wir irgendwo stranden. Sie sind es, die mit uns Erfolge und besondere Momente feiern. Niemand tut dies gerne alleine.

Doch scheinbar fällt es uns trotz dieser großen Bedeutung schwer, ihnen einen regelmäßigen Raum in unserem Alltag einzubauen.

Wir können dir hier sehr das Buch „5 Dinge, die Sterbende am meisten bereuen" von Bronnie Ware empfehlen. Besonders bereuten die Befragten, dass sie in ihrem Leben zu wenig Zeit mit ihren Freunden und Familien verbracht haben, da sie zu sehr in ihrem Alltag oder im Job gefangen waren. Wir alle denken, dass wir noch ewig Zeit haben. Dass wir morgen, nächsten Monat, mit dem nächsten Job einiges ändern werden. Nur, um diesen Vorsatz dann am nächsten stressigen Tag direkt wieder zu vergessen. Es ist eigentlich paradox, dass wir den wichtigsten Menschen in unserem Leben Termine einräumen müssen, damit wir Zeit für sie freischaufeln können.

Fange auch hier nach und nach an, dich wider mehr auf die wichtigen Menschen in deinem Leben einzulassen und ihnen wieder mehr Raum in deinem Leben zu geben.

Schritt 1: Schaffe mehr Nähe zu deinem Partner

Wichtig: dein Partner ist an erster Stelle. Ich weiß, dass nun viele sagen werden: Nein, meine Kinder sind immer auf Platz eins!

Wir können diese Einstellung sehr wohl nachvollziehen, aber die Beziehung zu deinem Partner ist die Basis von allem (abgesehen natürlich von deiner Selbstliebe zu dir). Aber eins ist klar: Ohne deinen Partner gäbe es weder deine Kinder noch diese Familie. Daher ist es wichtig, dass du eine stabile, liebevolle, respektvolle und inspirierende Beziehung zu deinem Partner aufbaust und erhältst. In einem stabilen Umfeld fühlen sich deine Kinder sicher und geborgen und können sich voll und ganz entfalten. Durch dieses Vorbild gibst du deinen Kindern genau diese Werte mit auf den Weg und ermöglichst ihnen, später ebenfalls eine respektvolle und liebevolle Beziehung zu führen.

Nehmt euch abends ein paar Minuten Zeit für eure Beziehung heraus. Diese Zeit hat absolute Priorität und dies solltet ihr auch euren Kindern liebevoll deutlich machen. Damit zeigst du deinen Kindern nicht nur, dass sie immer und jederzeit zu dir kommen können, sondern du lebst ihnen auch eine liebevolle und respektvolle Beziehung mit deinem Partner vor. Anstatt später mit Reue auf diese Jahre zurückzublicken, kannst du jetzt alles dafür tun, deine Beziehungen zu stärken.

Nehmt euch abends also etwas Zeit für Zweisamkeit heraus. Anstatt gehetzt zur Tür hineinzukommen und aus dem Wohnzimmer eine Begrüßung zuzurufen, begrüßt ihr euch liebevoll mit einer Umarmung und einem Willkommenskuss.

Schaut euch in die Augen, denn sogar diese kleine Geste kommt oft viel zu kurz oder wird einfach unbewusst ausgeführt. Schau deinem Partner ebenfalls in die Augen, während ihr euch von eurem Tag, euren Gedanken oder euren Erlebnissen erzählt. Höre aufmerksam zu, was er dir erzählt und sei in Gedanken nicht schon bei deiner Geschichte oder einer Antwort darauf.

Ihr könnt euch auf einfach für ein paar Minuten aufs Sofa kuscheln und den anderen genießen. Die Wärme, das wohlige, vertraute Gefühl, das Angekommen sein. Es ist auch durchaus in Ordnung und sogar empfehlenswert, deine Kinder zu bitten, euch einfach ein paar Minuten nur für euch zu gönnen.

Ihr seid nicht nur Eltern, sondern auch noch Liebespaar und es ist für eure Beziehung wichtig, diesen Status zu erhalten. Noch einmal: damit lebt ihr euren Kindern eine stabile und liebevolle Beziehung vor, die auch sie später in ihrem Leben umsetzen werden.

Schritt 2: Schaffe mehr Nähe zu deinen Kindern

Keine Sorge, das soll nicht bedeuten, dass du für deine Kinder einen Zeitplan aufstellen musst, was ja einen recht bürokratischen Charakter hat. Es bedeutet ganz einfach, dass du in diesem Moment voll und ganz für deine Kinder da bist.

Ohne Ablenkung. Nimm einfach an dem teil, was deine Kinder gerade tun: sie malen? Schnapp dir einen Buntstift und male mit. Sie möchten dir unbedingt 5 Dinge durcheinander erzählen? Setzt euch gemeinsam aufs Sofa oder kuschelt euch auf dem Boden in die großen Kissen. Höre zu, lache, stelle Fragen, sei überrascht! Tauche ein die Welt deines Kindes und lasse dich voll und ganz darauf ein.

Wenn dein Kind bereits völlig gedankenverloren spielt, steige einfach mit ein. Ansonsten könnt ihr auch zusammen Ball spielen, schaukeln, ein Buch lesen oder einfach nur lustige Geschichten erzählen. Nimm dein Kind in den Arm und kuschelt, während es dir von seinen spannenden Erlebnissen berichtet. Schaue deinem Kind in die Augen und spüre die tiefe Verbundenheit. Macht euch Musik an und tanz

verrückt durch die Wohnung!
Es ist völlig egal, wenn sich dadurch das Abendessen um 30 Minuten verschiebt – diese gemeinsame Zeit mit deinem Kind gibt ihm so viel Sicherheit und Verbundenheit, was sich auf das gesamte Leben auswirken wird.

Schritt 3: Schaffe mehr Nähe zu Familie und Freunden

Gerade Freunde und die weitere Familie fallen im Alltag oft hintenüber. Wir nehmen uns zwar ständig vor, endlich mal wieder anzurufen oder uns auf einen Kaffee oder Drink zu treffen – und dann vergeht die Zeit doch wieder zu schnell.

Nimm dir am besten ein paar Minuten Zeit und denke an die Menschen in deinem Leben, die dir wichtig sind und die mitunter schon seit vielen Jahren an deiner Seite sind – auch, wenn du sie nicht täglich triffst. Freunde, die dich seit deiner Schulzeit, dem Studium oder der Ausbildung begleiten. Menschen, die du in deinen verschiedenen Unternehmen kennengelernt hast. Cousins, Neffen, Eltern, Großeltern, Tanten, Onkel, die du seit längerer Zeit nicht mehr gesprochen oder gesehen hast.

Wenn du magst, kannst du jede Woche einen oder zwei von ihnen anrufen. Das muss kein zweistündiges Telefonat werden, es reichen auch 15 Minuten für ein liebevolles, interessiertes Gespräch. Sei in diesem Moment ganz präsent.
Telefoniere mit deiner besten Freundin und mache

direkt ein paar Vorschläge für ein nächstes persönliches Treffen.

Aber manchmal klappen ein persönliches Treffen oder Telefonat einfach nicht – egal, wie gerne du es auch umsetzen würdest. Doch eine gute und enge Beziehung zu Freunden und Familie muss nicht bedeuten, dass du sie jede Woche siehst oder Zeit mit ihnen verbringst. Es ist bereits sehr wertvoll, wenn du regelmäßig etwas achtsame Zeit einbaust und dann auch wirklich voll und ganz für sie da bist: eine kleine WhatsApp, ein kurzer Anruf, eine liebe E-Mail oder eine lustige E-Card. Auch eine längere Sprachnachricht eignet sich ganz wunderbar, um deinen Lieben mitzuteilen, dass du gerade an sie gedacht hast. Ich (Svea) bin ja ein großer Fan von kleinen Sprachnachrichten, weil man so viel Herzlichkeit, gute Laune und Persönlichkeit mit seiner Stimme hineinlegen kann. Probiere es doch einfach mal aus!

Frage deine Lieben ganz ehrlich, wie es ihnen geht und was sich in ihrem Leben ereignet hat. Versuche, dies nicht „mal eben schnell" einzubauen, während du gerade im Auto sitzt, einen Film schaust oder durch den Supermarkt läufst. Sei in diesem Moment ganz bei deinen Freunden und schenke ihnen diese Wertschätzung, indem du dich gemütlich auf dein Sofa oder die Parkbank setzt und die Zeit ganz bewusst für diese wertvollen Menschen aufbringst.

Sei dankbar, dass diese Menschen in deinem Leben

sind und dir dieses wunderbare Gefühl der Freundschaft, Liebe, Geborgenheit, Ruhe und Zugehörigkeit schenken.

Gemeinsames Abendessen

Es klingt fast schon zu einfach, aber wir möchten trotzdem auf dieses ganz besondere Ritual hinweisen, das bei einigen Menschen etwas aus der Mode gekommen ist. Allzu oft passiert es, dass das gemeinsame Frühstück oder Abendessen den hektischen Routinen zum Opfer fällt. Man kommt gehetzt nach Hause, ein Folgetermin steht auf dem Plan, die Kinder sind noch bei Freunden oder müssen dringend noch die Hausaufgaben erledigen. Ein Kunde wartet noch auf einen Anruf, niemand hatte Zeit zum Einkaufen und eigentlich könnte man doch auch etwas beim Thailänder um die Ecke bestellen...

Dabei ist die gemeinsame Zeit des Kochens und gemeinsamen Essens so wichtig! In anderen Kulturen wird die gemeinsame Mahlzeit geradezu zelebriert. Besonders in südlichen Ländern, aber auch in nordischen Ländern wie Dänemark (Stichwort „Hygge“) kommen Freunde und Familie, Nachbarn und Bekannte zum Essen zusammen, um sich über Neuigkeiten auszutauschen oder einfach das Gemeinschaftsgefühl zu stärken. Dieses Gemeinschaftsgefühl hatten auch schon unsere Vorfahren: Man kam zusammen, entzündete ein Lagerfeuer und teilte sich den Büffel und die Beeren.

Sie haben uns bereits gezeigt, dass Essen die ursprünglichste soziale Situation des Menschen ist.

Dabei ist es nicht wichtig, wie aufwändig oder perfekt das Ganze zelebriert wird. Es braucht dazu kein opulentes 3-Gänge-Menü - wichtig ist nur, dass die ganze Familie beisammen ist und ihr in einer lockeren und herzlichen Atmosphäre Zeit miteinander verbringt. Ladet die Großeltern ein, Nachbarn, Freunde...oder verbringt einfach nur diesen Abend unter euch. Und Überraschung: es herrscht Handyverbot.

Seid ihr als Paar zu zweit, könnt ihr auch schon das Kochen zu einem sinnlichen und schönen Erlebnis machen. Öffnet eine Flasche Wein, spielt eure Lieblings-Musik oder chillige Lounge-Musik. Erzählt euch während des Kochens von eurem Tag, aber macht das Berufsleben nicht zum einzigen Mittelpunkt des Abends. Geht wieder in die Zeit zurück, als ihr euch kennengelernt habt: was hat euch am anderen fasziniert? Was wolltet ihr unbedingt über ihn wissen? Sprecht über eure Träume, Ideen, verrückten Pläne, eure größten Missgeschicke, eure Träume als Kinder etc. Seid wieder jung, kindisch, verspielt! Neckt euch, seid verrückt und einfach mal wieder anders.

Ihr werdet euch in all den Jahren, die ihr bereits zusammen seid, auf jeden Fall verändert haben und nicht mehr der Mensch sein, den euer Partner kennengelernt hat. Es gibt so vieles zu entdecken! Du wirst sehen, dass ihr euch plötzlich auch wieder ganz anders wahrnehmt, ausgelassen miteinander lacht und euch frei macht vom korsettartigen Alltag.

Oder übergebt doch mal den Kochlöffel an eure Kinder! Ab sofort sind sie der Chefkoch. Pizza muss her? Na gut, dann wird heute eben Pizza gebacken. Fischstäbchen mit Kartoffelpüree und Erbsen? Prima! Egal, was ihr kocht: die ganze Familie wird mit einbezogen. Einige decken den Tisch, einige oder alle kochen gemeinsam, es wird geschnibbelt, gerührt, abgeschmeckt, gelacht und geneckt. Auch die Kleinsten können schon den Salat waschen oder die Pastasoße schwungvoll umrühren. Falsch gibt es nicht.

Diese Zeit soll übrigens nicht dazu dienen, den Kindern bessere Tischmanieren beizubringen. Es geht nicht darum, ein elegantes und ausgefallenes Menü zu zaubern, das dann auch noch auf der schönsten Tischdecke kredenzt wird – und wehe, es gibt Flecken. Das entspricht genau dem Gegenteil dieses Rituals. Auch die einfachsten Leckereien können schnell und mit viel Spaß gekocht werden: Pizza, Pasta, Salat, Eintopf, Tapas, BBQ. Vielleicht wird es euer neues Ritual, jedes Mal eine neue kleine Vorspeise auszuprobieren? Oder zum Nachtisch ein neues (selbstgemachtes?) Dessert zu entdecken?

Zurück zum Thema Hygge: Den Dänen geht Gemütlichkeit über alles. Hyggelig muss es sein.

Und dafür lieben sie es, immer und überall Kerzen

anzuzünden. Ja, auch im Büro. Mit Licht, Musik und lieben Menschen wird eine wunderschöne Atmosphäre geschaffen. Eine rustikale, rot-weiß karierte Tischdecke, ein paar ehemalige Marmeladengläser mit frischen bunten Blumen aus dem Garten, Kerzen – fertig ist eine hyggelige Atmosphäre. Und die Soßenflecken wären damit auch perfekt getarnt.

Schulnoten, Klausuren, stressige Projekte, Politik oder Tischmanieren sollten wie gesagt nicht auf dem Programm stehen. Habt einfach Spaß! Spaß an euch, am Essen, am Leben. Überlegt euch im Vorhinein gerne auch ganz andere Themen, über die ihr lachen könnt. Teilt Kindheitserinnerungen oder Erlebnisse aus dem letzten Urlaub. Es kann auch jeder kurz erzählen, wofür er heute oder generell dankbar ist, wer ihm eine große Inspiration ist, mit wem er einmal für ein paar Stunden auf einer Parkbank sitzen möchte, welche Superkraft er haben möchte und was er damit machen würde.

Die amerikanische Psychologin Barbara H. Fiese hat die Wirkung von Familienritualen untersucht. Gemeinsames Erleben von Aktivitäten und Events stärkt den Zusammenhalt und fördert die Gesundheit. Es wirkt sich sogar positiv auf schulische Leistungen aus, denn die Wiederholung von Vertrautem gibt Kindern Sicherheit und schafft Geborgenheit. Wer Rituale pflegt, wird auch heikle, schwierige oder neue Situationen besser meistern.

Arbeite mit den Händen

Viel zu häufig arbeiten wir heute „verkopft". Wir sind immer in Gedanken und planen, überlegen, bewerten, analysieren. Wie leben in der Zukunft oder beziehen uns auf die Vergangenheit, aber selten beobachten wir einfach nur das Hier und Jetzt.

Für einige Menschen ist es daher sehr hilfreich, einfach mal wieder mit den Händen zu arbeiten. Die Auswahl ist riesig: Gartenarbeit, malen, stricken, zeichnen, häkeln, sägen, basteln, töpfern, knüpfen, Modellbau, Schmuckdesign, umbauen, schnitzen, schreinern, Kalligraphie, Drahtkunst, Origami, Steinbemalung usw.
Arbeiten mit Leder, Holz, Papier, Stoff, Seide, Wolle, Perlen, Silber oder anderen Materialien.

Was die Hände mit dem Gehirn zu tun haben, lässt sich perfekt an Babys und Kleinkindern beobachten. Direkt nach dem Mund als ihrem ersten sensorischen Medium kommen die Hände ins Spiel: Alles wird angefasst und somit in seiner Beschaffenheit erforscht. Herdplatten und offene Steckdose inklusive. Jedes Wesen lernt über das haptische Erkunden seine äußere Welt kennen, trainiert über das Berühren und Berührt werden sein sich ausbildendes Gehirn.
Das hört im erwachsenen Leben nicht auf.

Durch Handarbeit verbindest du deinen mentalen

Fokus mit deiner sensorischen Erfahrung – und kreierst dabei etwas ganz Neues. Trotz deiner Konzentration wirst du eine tiefe Entspannung und Erfüllung erleben. Hier sind nur ein paar der positiven Auswirkungen von Handarbeit aufgezählt:

1. Ausgleich

In unserer heutigen Welt sind wir von vielem abgekoppelt. Fast alle Produkte werden in Massen aus irgendwelchen globalen Fabrikationsstätten in unsere Städte und Läden geschwemmt. Viele Menschen merken mittlerweile, dass sie diese Massenprodukte ermüden, denn sie haben weder Sinn noch Seele. Ihr massenhafter Konsum ohne Wertschätzung dokumentiert eher Entfremdung als Verbundenheit.
Wir Menschen brauchen jedoch die Verbundenheit und möchten uns mit der Welt, in der wir leben, verbunden fühlen. Das Erschaffen von Dingen gibt uns darüber hinaus die Sicherheit, dass die eigene Existenz einen Sinn hat.

2. Gesunde Psyche

Kennst du das tiefe, befriedigende Gefühl, wenn du etwas geschafft, gemeistert oder erschaffen hast? Dieses Gefühl hat eine starke Auswirkung auf die psychische Gesundheit. Das kommt dir vielleicht vom Sport bekannt vor, denn auch dort erlebt man nach einer großen Anstrengung eine Art Hochstimmung (z.B. Runner's High).

Dieselben Glücksgefühle beschert dir auch eine

Stunde intensive Gartenarbeit – oder das Bauen Bett, Regal, Wand & Co. Zusätzlich wird noch dein Belohnzentrum im Gehirn aktiviert und schenkt dir dadurch doppelte Freude und Zufriedenheit.

3. Gemeinsamkeit

Viele Familien versinken gemeinsam einsam in der Smartphone-Welt. Doch in Familien, die zusammen etwas machen, statt nur nebeneinander her zu leben, geht es fröhlicher und stabiler zu. Beziehe dein Kind in deine täglichen Tätigkeiten mit ein. Vielleicht hat es ja Lust, gemeinsam mit dir im Garten zu werkeln? Vielleicht erntest du im ersten Moment keine Begeisterungsstürme (oder vielleicht doch?), aber nach einiger Zeit im Garten mit Blumensäen, Unkrautjäten oder Baumhaus bauen hat es deinem Kind sicher doch irre viel Spaß gemacht.

4. Wertschätzung statt wahlloser Konsum

Wir leben in einer Welt des Massenkonsums. Für viele Menschen zählt noch Quantität statt Qualität. In einer Welt der Massenproduktion, wo T-Shirts nur 5€ oder Lederschuhe gerade mal 40€ kosten, muss man sich zurecht hinterfragen, ob man diesen Wahnsinn weiter unterstützen möchte. Auch hier kommt der Achtsamkeit und dem bewussten Handeln eine tragende Rolle zu, denn Kinderarbeit und Massentierhaltung möchte eigentlich kaum jemand aktiv vorantreiben.

Besinne dich also wieder auf die Haltung „Weniger ist mehr" – und dann darf das Wenige auch ruhig etwas mehr kosten. Wenn du jemals einen Pullover selber gestrickt, eine Wand selber hochgezogen oder ein Auto oder Möbelstück restauriert hast, dann hast du gleich einen ganz anderen Blick auf diese Welt und die Werte eines jeden einzelnen Stücks.

Verbanne das TV

Das TV ist in vielen Familien und Haushalten der Mittelpunkt. Es ist schon bezeichnend, dass es im Mittelpunkt unseres Hauses steht: dem Wohnzimmer. Und häufig auch im Schlafzimmer. Oftmals läuft es nicht nur abends zur „Entspannung“, sondern auch tagsüber als Geräuschkulisse im Hintergrund. Einige Kinder lassen das TV sogar während der Hausaufgaben laufen und sind der Meinung, dass es sie nicht ablenken würde. Bewusst vielleicht nicht, aber unbewusst wirkt das TV in großem Maße auf uns ein und kann Auswirkungen auf Schulnoten, Schlaf und Verhalten haben.

Ich (Svea) habe früher tatsächlich nur Hausaufgaben gemacht, wenn das TV lief. Ich hatte zwar trotzdem gute Noten, aber ich glaube, dass mir etwas weniger TV nicht geschadet hätte. Heute schaue ich so gut wie gar nicht mehr und wenn, dann suche ich mir bewusst Serien oder Filme aus und zappe nicht wild und ohne Ende stundenlang durch die Kanäle. Aber auch das war eine Lernkurve.

Studien zeigen, dass Menschen, die mehr als drei

Stunden pro Tag fernsehen, eine höhere Wahrscheinlichkeit haben, an Fettleibigkeit zu erkranken als Menschen, die weniger fernsehen. Unbewusst beraubt uns das TV wertvoller Zeit. Zeit, die wir mit lieben Menschen verbringen könnten. Zeit, die wir mit Abenteuern und Erlebnissen füllen könnten. Stattdessen liegen wir auf dem Sofa und lassen uns berieseln. Nichts gegen den einen oder anderen bewusst ausgesuchten Film – die Betonung liegt hier auf dem Wort „bewusst". Ein schöner Kino-Abend oder TV-Abend mit leckerem Essen, kuscheln auf dem Sofa und Vorfreude auf den Film ist ein wunderbares Erlebnis.

Dennoch sollte es nicht zu deinem abendlichen Standard gehören, ab 19h vor dem TV zu sitzen und in das Leben anderer Menschen abzutauchen, bis du ins Bett gehst. Das, was dabei verloren geht ist...dein eigenes Leben! Ein Leben, das so abwechslungsreich und spannend sein kann – wenn wir es nicht nur mit Netflix & Co füllen.

Eine weitere Komponente sind Nachrichten. Dies ist ein Thema, was jeder für sich entscheiden muss, aber ich habe die Erfahrung gemacht, dass ich weitaus unbelasteter, entspannter und energetischer bin, wenn ich nicht 12 Mal pro Tag durch die Nachrichten die 10 negativsten Informationen des Tages vorgebetet bekomme.

Denke immer daran, wer diese Nachrichten aussucht, die dir kundgetan werden.

Und überlege einmal, wie es sein kann, dass so viele ganz wunderbare Nachrichten über neue umweltfreundliche Technologien, grandiose Aktionen, zukunftsträchtige Start-Up Ideen, rekordverdächtige Baumpflanzaktionen etc. NICHT an dein Ohr gelangen? Wie kann es sein, dass wir ausschließlich mit negativen und angstmachenden Informationen versorgt werden? Und glaube mir: indem du die tägliche Dosis Negativ-Schlagzeilen vermeidest, bist du nicht ignorant oder uninformiert. Die wirklich wichtigen Informationen werden auch zu dir durchdringen, aber du verzichtest bewusst auf die negativen Hetz- und Angstnachrichten, die einiges in deinem Gehirn anrichten.

Bilde dir deine eigene Meinung, aber hinterfrage das TV kritisch. Es ist eine große Werbemaschinerie und sollte dementsprechend bewusst genutzt werden. Fernsehen lenkt ab und beschäftigt unser Gehirn konstant, da Millionen von Stimulationen und Eindrücken auf unser Gehirn einprasseln. Viele Dauergucker bestätigen, dass sie sich unglücklicher und abgestumpfter fühlen als Menschen, die weniger TV schauen.

Glückliche Menschen lesen und gehen unter die Leute, unglückliche sitzen vor dem Fernseher. Zu diesem Ergebnis kamen Forscher der Universität von Maryland bei einer gezielten Analyse von Daten aus Freizeitstudien und großen repräsentativen Umfragen der letzten drei Jahrzehnte mit insgesamt 30.000 Teilnehmern. Freizeitbeschäftigungen, die den

Probanden unmittelbar im Tagesverlauf Spaß machten, stimmten sie auch längerfristig zufrieden – mit einer Ausnahme: dem Fernsehen. Vor dem Bildschirm zu hängen wurde von den Teilnehmern zwar als kurzweilig und angenehm empfunden und stimmte sie für den Moment zufrieden. Doch auf lange Sicht waren Personen, die viel fernsahen, weniger glücklich mit ihrem Dasein als andere.

Überlege einmal ganz ehrlich, wie viele Stunden du täglich oder wöchentlich vor dem TV verbringst. Wie oft deine Kinder fernsehen. Überlege, wann genau du den Fernseher anschaltest. Einfach so zur Ablenkung? Zur Entspannung? Wenn du genervt bist? Oder gelangweilt?

TV schweißt nicht zusammen, sondern entfernt. Es ist schwer, eine Verbindung zu spüren, wenn alle Augen auf das TV gerichtet sind. Du verbringst einen Großteil deines Lebens damit, am Leben und an den Abenteuern anderer „fiktiver" Menschen im TV teil – und verbringst deine eigene wertvolle Zeit auf dem heimischen Sofa, anstatt am wahren Leben teilzunehmen bzw. dein eigenes Leben zu kreieren.

Und so ganz nebenbei verschwindet auch der eine oder andere Snack wie Erdnüsse, Schokolade oder Chips im Bauch. Nehmt euch also vor, mindestens jeden zweiten Tag das TV zu verbannen. Verbringt die Zeit mit Sport, schmökert endlich in allen Büchern, die ihr schon immer mal lesen wolltet oder widmet einfach mal einen kompletten Abend spannenden

Gesprächen. Dies ist eine tolle Chance, wieder mehr Nähe zu deiner Familie oder deinen Freunden aufzubauen.

Auch hier gilt: jeder kleine Schritt zählt. Wenn es für dich normal ist, jeden Abend vor dem TV zu verbringen, musst du nicht von einem Tag zum anderen komplett runterfahren. Wahrscheinlich neigst du dann sogar eher dazu, diesen Schritt wieder vollständig rückgängig zu machen. Nimm dir lieber kleine, aber stetige Änderungen vor, so dass du nicht direkt unter TV-Entzug leidest und deine Stimmung in den Keller sackt. Es ist ein toller Anfang, wenn du den Fernseher jeden Abend eine halbe Stunde früher ausschaltest, um noch ein Buch zu lesen, ein paar Minuten zu meditieren oder dich etwas zu dehnen. Ein wirklich wichtiger erster Schritt ist allerdings, das TV während des gemeinsamen Abendessens auszuschalten, um so Raum für Gespräche, Verbundenheit, Spaß und Austausch zu schaffen.

Ihr könnt auch ein schönes Ritual daraus machen, 1-2 Mal in der Woche einen gemeinsamen Fernsehabend miteinander zu verbringen.
Jeder darf mal einen Film oder eine Serie aussuchen und dazu gibt es leckere Snacks, die ihr vorher sogar selber gemeinsam zubereiten könnt. Ihr könnt zusammen Kekse backen, selber Gemüsechips backen oder Gemüse-Sticks mit verschiedenen Dips vorbereiten. Wichtig beim TV ist, dass du sehr bewusst wahrnimmst, was du gerade anschaust. Es gibt viele wunderbare Dokumentationen, Filme und Serien –

aber es gibt auch unglaublich viel Müll in der TV-Welt. Gehöre nicht zu den Menschen, die jeden Tag 5 Stunden einfach durch das Programm zappen. Überlege dir genau, was dir gut tut und Spaß macht, was dich weiterbringt.

Was sind deine Werte? Was sind deine Moralvorstellungen? Was motiviert dich? Was macht dir Spaß und bereitet dir Freude? Genau danach solltest du deine TV-Sendungen auswählen und diese dann auch ganz bewusst genießen. Vermeide Reality-TV, sehr gewaltsame Filme und Nachrichtenprogramme. Und danach – schaltest du ab. Denn vor einem TV zu sitzen bedeutet nicht wirklich leben, sondern gelebt werden. Kreiere dein Leben! Genieße es, sei mutig, sei abenteuerlustig, probiere Neues aus. Und wenn du zweifelst: Mach es einfach - was, wenn es gut würde?

Wann habt ihr das letzte Mal ein Brettspiel gespielt? Oder Karten? Oder Charade? Mittlerweile gibt es auch die überaus spannenden Escape-Rooms als Kartenspiel mit verschiedenen Themenwelten, die definitiv einen Versuch wert sind. Hierbei tüftelt ihr euch in 60 Minuten aus einer Gefahrensituation heraus, z.B. einem verfluchten Geisterhaus, einem Göttertempel wie aus Indiana Jones, einem Forschungslabor etc.

Nimm dabei bewusst wahr, was die Einschränkung deiner Fernsehzeit bei dir auslöst. Bist du gelangweilt? Weißt du nicht so genau, was du mit deiner freien Zeit anfangen sollst? Stocken eure Familiengespräche oder gibt es viele stille Pausen? Oder fühlst du dich befreit? Entdeckst neue Hobbies, Ideen und Möglichkeiten, deine Zeit zu verbringen? Bist du ruhiger, entspannter? Lernst du deinen Partner oder deine Familie wieder ganz neu kennen? Hast du wieder Lust, Freunde anzurufen – einfach nur, um ihre Stimme zu hören?

Es kann passieren, dass du das TV wieder einschalten möchtest und es ist nicht schlimm, wenn du dieses Verlangen hast. Aber bevor du zur Fernbedienung greifst, denke noch einmal bewusst darüber nach, was du stattdessen tun könntest. Selbst, wenn du danach das TV anschaltest, hast du dich zumindest bewusst und achtsam mit dieser Entscheidung auseinandergesetzt. Und wenn du das Gefühl hast, dass du das TV gerade eigentlich gar nicht brauchst, dann genieße deine neu gewonnene Zeit.
Vielleicht merkst du sogar, dass dir das TV gar nicht wichtig ist. Anstatt es jeden Abend zig Stunden laufen zu haben, könnt ihr dazu übergehen, aus einem Fernsehabend einen Familienevent zu machen.

Mantras

Ein Mantra, oder Vehikel für den Geist, ist eine uralte Anwendung, in der ein Wort oder ein Satz mehrmals wiederholt werden. Wahrscheinlich sagst du dir bereits jeden Tag unbewusst Mantras vor. Erwischt du dich z.B. manchmal, wenn du denkst „Ich mag meinen Körper nicht", oder „Das wird niemals funktionieren", oder „Ich bin nicht gut genug"? Diesen Satz denkst du ja nicht nur einmalig, sondern oft begleitet er dich über mehrere Jahre hinweg. Manchmal denkst du ihn unbewusst vielleicht täglich – also ist er für dich wie ein Mantra. Leider ein Negatives, das enorme Kräfte freisetzen kann.

Ein Mantra ist ein Wort aus dem Sanskrit (alt-indisch). Es bedeutet übersetzt Spruch, Lied oder Hymne. In dem Wort Mantra sind die beiden Silben Man (Geist) und Tram (Schutz, bzw. Instrument) enthalten. Im Yoga wird ein Mantra oft während der Meditation fortlaufend wiederholt. Das Ziel eines Mantras ist es, den Geist zu beruhigen, sich zu fokussieren oder Gewohnheiten zu durchbrechen.

Eines der bekanntesten Mantras ist das OM oder auch AUM, welches häufig beim Yoga oder bei Meditationen genutzt wird. Ihm wird zugeschrieben, jede Vibration zu enthalten, die jemals existiert hat oder in der Zukunft existieren wird. Frei übersetzt bedeutet es: Alles was ist, alles was war, alles was sein wird.

Mantras werden sprechend, flüsternd, singend (Chanting) oder in Gedanken wiederholt.
Man kann ein Mantra mit einer Kernaussage gleichsetzen. Das Mantra transportiert eine bestimmte Information bzw. eine Energie und während der Geist mit dem Mantra beschäftigt ist, ist

er nicht offen für negative Gedanken.

Neurowissenschaftler forschen an den gesundheitlichen Vorteilen dieser uralten Methode, z.B. der Fähigkeit, das zentrale Nervensystem zu beruhigen und den Geist von Hintergrundlärm zu befreien. Eine wissenschaftliche Studie aus dem Jahr 2015 in Israel fand heraus, dass Menschen, die still das Wort "Echad" (eins auf Hebräisch) wiederholten, eine Beruhigung des Geistes feststellten. Insbesondere fand eine Deaktivierung eines Gehirnareals statt, das normalerweise aktiv ist.

Die Neurowissenschaftlerin Dr. Marian Diamond von der University of California fand heraus, dass Chanting die Ausschüttung von Stresshormonen reduziert und die Immunfunktion stärkt.

Ein weiterer Experte auf dem Gebiet, Dr. Alan Watkins vom Imperial College London, bewies, dass während des Chantings der Puls und der Blutdruck auf den niedrigsten Wert des Tages abfallen. Anscheinend beruhigt die Vibration, dass das Chanting im Körper verursacht, das Nervensystem und reduziert damit den Stress und steigert gleichzeitig die Konzentration sowie die Gedächtnisfunktion.

Es gibt eine Vielzahl von Mantras für die verschiedensten Anwendungsgebiete und Themen, die du angehen möchtest. Du kannst verschiedene Mantras für verschiedene Themen anwenden – so, wie du es gerade brauchst. Es gibt viele Theorien, die besagen, dass man ein bestimmtes Mantra für mehrere Wochen oder Monate rezitieren soll, um die Tiefenwirkung zu intensivieren und eine intensive Ruhe zu verspüren. Letztlich werden dir aber dein Gefühl und dein Geist mitteilen, welches Mantra du jetzt gerade brauchst und genau das ist in diesem Moment das Richtige.

So wendest du Mantras an

Lege oder setze dich bequem hin und wiederhole leise das Mantra: Einmal beim Einatmen und einmal beim Ausatmen. Wenn Gedanken oder Gefühle auftauchen, nimm sie wahr, aber schenke ihnen keine weitere Beachtung, sondern fokussiere dich wieder auf dein Mantra. Wiederhole dieses Mantra für 10 Minuten.

Effektive Mantras:

1. **OM**

Aussprache: Aaa-Uoo-Mmm

Bedeutung: Es wird gesagt, dass OM der Urklang des Universums war und die Schöpfung, Manifestation und Zerstörung repräsentiert. Wenn jede Silbe richtig ertönt, erfüllt die Vibration deinen gesamten Körper. Der Klang setzt das gesamte Fasziennetz in Schwingung. Fokussiere dich nun auf deine Intention: Widme dieses OM deinem Wohlergehen, deiner Familie, der ganzen Welt. Stelle dir vor, wie die Energie sich in Wellen von dir in den Raum ausbreitet – so, wie ein ins Wasser fallende Stein kleine Wellen aussendet.

2. Sat Nam

Aussprache: Saaaaaaaat Nam
Die Silbe Sat wird ca. 8x länger ausgesprochen als das kurze Nam

Bedeutung: Die Wahrheit ist mein Name.
Dieses Mantra stärkt die Intuition und bringt dich in Verbindung mit deinem Selbst.

3. So Ham

Bedeutung: Ich bin der, der ich bin.
Denke an eines der schönsten Zitate von Oscar Wilde: „Sei du selbst, denn alle anderen gibt es schon." Was zählt, ist, dass dich dein Leben glücklich macht und erfüllt. Wenn du strahlst, ziehst du die richtigen Menschen an und kannst ihnen etwas weitergeben. Denke die Silbe „So" beim Einatmen und „Ham" beim Ausatmen.

4. Santosha

Bedeutung: Sei zufrieden mit dem, was ist.
Vergleiche dich nicht mit anderen und frage dich nicht, wer beliebter oder erfolgreicher ist. Sei dankbar, dass es Menschen gibt, die gerne zu dir kommen, dir vertrauen und von dir lernen wollen.

5. Satya

Bedeutung: Sei wahrhaftig und authentisch.
Es ist nicht notwendig, dass du anderen etwas vorspielst oder dich verstellst. Niemand kann den ganzen Tag mit einem zufriedenen Lächeln durch die Gegend laufen. Stehe zu dir und deinem Leben.

6. Aham Prema

Bedeutung: Ich bin Liebe.
Du bist es wert, geliebt zu werden. Du bist es wert, erfolgreich zu sein. Erkenne deine wahre Schönheit und Größe.

Das Schöne dabei ist: du kannst die Mantras auch jederzeit zwischendurch anwenden. Denke oder sprich sie aus, während du Rad fährst oder spazieren gehst, in der Dusche stehst oder im Auto sitzt. Oder während du im Schneidersitz und mit geschlossenen Augen auf dem Sofa sitzt und dich ganz dem Mantra hingibst. Die Wiederholung des Mantras selbst ist bereits meditativ. Viel wichtiger jedoch ist die Intention, mit der du in dieses Mantra gehst. Und wenn kein passendes Mantra dabei ist, dann kreiere ganz einfach ein für dich passendes Mantra, das sich gut anfühlt!

Lasse den Tag ausklingen

Bist du dir dessen bewusst, wie deine letzte Stunde aussieht, bevor du ins Bett gehst? Meistens gucken wir noch ein paar Stunden TV oder scrollen durch

Facebook. Vielleicht schaust du auch noch schnell die letzten Nachrichten des Tages oder checkst nochmal kurz deine E-Mails. Vielleicht liest du deinen Kindern noch eine Geschichte vor, kuschelst dich mit deinem Partner und einem Glas Wein ins Sofa und lässt den Tag ausklingen.

Vielleicht hast du auch jetzt erst Zeit, dich um den Haushalt zu kümmern und räumst das Wohnzimmer auf, stellst die Spülmaschine an und faltest Wäsche. Danach fällst du erschöpft ins Bett und wenn du Pech hast, kannst du trotz deiner Erschöpfung nicht richtig einschlafen, weil du einfach noch zu überdreht bist. Kennst du dieses Gefühl?
Du möchtest eigentlich nur noch schlafen, aber irgendwie kommst du einfach nicht ins Land der Träume.

Dazu kommt, dass elektronische Geräte wie TV oder Handy deinen Geist zusätzlich stimulieren und wach halten – auch, wenn dir die Augen zufallen und diese vom Screen vielleicht sogar etwas brennen. Das bläuliche Licht verhindert die Produktion des Schlafhormons Melanins, weshalb es mittlerweile viele Tools gibt, die gegen Abend das Licht vom Laptop oder Handy wärmer, also etwas rötlicher, einstellen (z.B. Flux). Dies soll für dich aber nun keine Entschuldigung sein, deshalb noch länger vor den Bildschirmen zu sitzen!

Auch aufregende oder brutale Filme, negative Nachrichten (wir hatten das Thema ja bereits) und

Streitgespräche bewirken genau das Gegenteil eines ruhigen Schlafs: Die Adrenalinproduktion wird angeregt und du wälzt dich im Bett hin und her. Wahrscheinlich melden sich auch jetzt das Kopfkino oder Gedankenkarussell wieder zu Wort und bespaßen dich noch eine ganze Weile, während du realisierst, dass du in 6 Stunden, jetzt in 5 Stunden, jetzt nur noch in 4 Stunden bereits wieder aufstehen musst. Damit versuchst du nun immer krampfhafter, endlich einzuschlafen – mit dem Ergebnis, dass du wahrscheinlich um 5h einschläfst und um 6.30h wieder aufstehen musst.

Auch intensiver Sport zu später Zeit ist nicht unbedingt ideal: leichtes Dehnen, ruhiges Yoga oder die 3-Minuten-Ganzkörperübung eignen sich für die Abendstunden, aber auf aufputschenden Sport solltest du zu späterer Stunde eher verzichten. Dadurch bringst du dein Herz-Kreislauf-System so richtig schön in Schwung, deine Körpertemperatur steigt und du bist zwar erschöpft, aber innerlich aufgedreht.

Viele Studien haben mittlerweile belegt, dass nicht ausreichender oder schlechter Schlaf der Grund vieler Probleme sind. Auch Erlebnisse des Tages werden bewertet und unbewusst unseren Erfahrungen zugeordnet. Ebenso verringert ständiger Schlafmangel die Gedächtnisleistung.

Unser Immunsystem arbeitet im Schlaf auf Hochtouren. Während des Schlafes werden besonders viele immunaktive Stoffe ausgeschüttet, die die Immunabwehr steigern. Infektionen können so am besten bekämpft werden. Ein Mangel an Schlaf führte in Untersuchungen schon nach sechs Tagen zu einer verminderten Antikörperantwort.

Nachts halten wir es acht und mehr Stunden ohne Essen aus. Der Grund: Im Schlaf wird das Appetit hemmende Hormon Leptin ausgeschüttet. Im Wachzustand übernimmt dann der Gegenspieler - das Hormon Ghrelin - wieder die Kontrolle und schon bekommen wir wieder Hunger. Bei chronischem Schlafmangel wird dieses Gleichgewicht gestört.
Die appetitanregenden Hormone werden vermehrt ausgeschüttet. Menschen mit chronischen Schlafstörungen haben ein für ihre Körpergröße höheres Körpergewicht.

Gesunder Schlaf ist für Körper und Gehirn dringend notwendig:

<u>Tiefschlaf:</u>
Im Tiefschlaf erholt sich der Körper. Hier werden wichtige Bausteine gebildet, die für die Erhaltung und Reparatur unserer Organe wichtig sind. Ausreichend langer Schlaf verlangsamt Alterungsprozesse

<u>REM-Phase:</u>
In der so genannten Traum-Phase findet die geistige Erholung statt. Fehlen die REM-Phasen, so hat dies weitreichende Auswirkungen. Versuchspersonen, die im Schlaflabor in jeder REM-Phase geweckt wurden,

zeigten bereits nach zwei Tagen psychische Auswirkungen wie depressive und aggressive Verstimmungen. Erstreckte sich der REM-Schlaf-Entzug über mehrere Wochen, traten Angstzustände und sogar schwere Psychosen auf.

Daher ist die letzte Stunde, bevor du ins Bett gehst, eine sehr wichtige Stunde, der du besondere Aufmerksamkeit schenken darfst. Du kannst diese Zeit z.B. für ein beruhigendes Ritual nutzen.

Solltest du diese Zeit nicht haben, nimm dir 10-15 Minuten für diese Übergangszeit zwischen Tagesgeschehen und entspannter Bettzeit.

Egal, ob du die Zeit lieber alleine mit dir verbringen möchtest, mit deinem Partner, bei einem Spaziergang mit deinem Hund: Suche dir das aus, was sich gerade gut anfühlt.

1. **Kurzer Spaziergang mit oder ohne Hund**
   Schlüpfe in bequeme Sachen und dreh noch einmal eine gemütliche Runde um deinen Block. Es muss nicht lange sein, aber während du die frische Luft tief einatmest, beobachtest du deine Umgebung. Lass dein Handy bewusst zu Hause und sei ganz bei dir.

2. **Chillout Musik**
   Schalte TV und Handy ein paar Minuten früher ab und genieße entspannte Musik. Besonders Lounge oder Chillout Musik eignen

sich hervorragend und rufen oft sogar noch ein Urlaubsgefühl hervor. Du kannst auch Yoga Musik hören, OM Chantings, Klangschalenmusik, Jazz, Klassik – einfach alles, was dich zur Ruhe bringt und entspannt. Vielleicht nimmst du noch ein Bad, während du deine Musik hörst, meditierst, dehnst dich oder liest. Besonders effektiv zum Einschlafen sind Naturklänge wie Regentropfen oder Meeresrauschen oder Klangmeditationen wie Nachtreisen.

3. **Meditation**
   Eine kurze Meditation kann deine Gedanken zur Ruhe bringen und deinen Geist entschleunigen. Indem du deine Gedanken ohne Bewertung beobachtest, kannst du dich von ihnen distanzieren und Sorgen loslassen. Ebenso kannst du auch hier ein Mantra einfließen lassen, um deinem Abend noch eine Intention zu geben und durch das Wiederholen zusätzliche Ruhe zu erlangen.

4. **Nimm ein entspannendes Bad**
   Das warme Wasser und ein schöner, duftender Schaum lösen Muskelverspannungen und fördern deinen Schlaf. Gedimmtes Licht und Kerzen sorgen für eine schöne Atmosphäre. Entspannende Öle wie Lavendel, Melisse oder Vanille duften

nicht nur gut, sondern helfen gegen Stress und tragen zu einer gesunden Müdigkeit bei. Damit der Körper die Wirkstoffe der Badezusätze aufnehmen kann, sind mindestens 5 Minuten notwendig. Kuschel dich danach in einen warmen Bademantel und lege dich ganz entspannt ins Bett.

5. **Verzichte auf TV und Handy**
   Schalte diese Geräte 1 Stunde, bevor du ins Bett gehst, aus. So wirst du nicht nur von den bläulichen Strahlen wachgehalten und du lässt dich auch nicht von Nachrichten, Facebook-Feeds oder E-Mails ablenken.

6. **Gebt euch eine Partnermassage**
   Nichts ist schöner, als sich vom Partner mit einer langsamen und ruhigen Massage verwöhnen zu lassen. Diese muss auch nicht direkt 30 Minuten dauern. Schon 5-10 Minuten mit einem hochwertigen Pflegeöl entspannen Muskeln und Seele.

7. **Tee-Ritual**
   Kräutertees haben vielseitige Wirkungen und können auch ganz wunderbar zur Entspannung beitragen. Ein hochwertiger, loser Wellness-Tee oder Abend-Tee mit Kamille, Lavendel, Melisse, Katzenminze oder Hopfen beruhigt die Nerven. Doch auch das abendliche Ritual trägt dazu bei, dass dein Körper und Geist sich bereits entspannen und

lernen: Yay, es gibt Abend-Tee, gleich geht es ins Bett! Kuschel dich also mit einer schönen Tasse Tee in deinen Sessel, auf dein Sofa oder ins Bett, schmökere noch ein bisschen in einem guten Buch (nicht unbedingt etwas gruseliges oder zu aufregendes) und lasse den Abend einfach ausklingen.

8. **4-7-8 Atmung**
   Setze oder lege dich bequem hin. Atme nun tief durch die Nase ein und zähle dabei ruhig bis 4. Halte die Luft nun an und zähle ruhig bis 7. Atme tief und geräuschvoll mit dem Mund aus und zähle dabei ruhig bis 8. Wiederhole diese Atmung zu Beginn 4 Mal und steigere dich auf 8 Mal. Diese Technik bringt deinen Körper in eine tiefe Entspannung, während er gleichzeitig intensiv mit Sauerstoff versorgt wird.

9. **Dein Schlafzimmer**
   Dunkelheit und eine angenehme Temperatur sorgen für einen erholsamen Schlaf. Falls du dein Schlafzimmer nicht vollständig abdunkeln kannst oder dein Partner nicht gerne in einem abgedunkelten Raum schläft, besorge dir eine bequeme Schlafmaske. Die Raumtemperatur sollte im Schlafzimmer 16°-18°C betragen. Lüfte vor dem Schlafen noch einmal gut durch. Lässt du dich schnell von Geräuschen ablenken oder wecken, kannst du eine White Noise Machine ausprobieren:

dieses kleine Gerät bekämpft störende Geräusche mit einem Rauschen, das über alle Frequenzen hinweg gleichmäßig ist. Auch Lärm wird subjektiv als weniger laut wahrgenommen, wenn er mit diesem Rauschen überlagert wird.

10. **Dankbarkeits-Ritual**
    Notiere dir abends, wofür du dankbar bist. Oder lege dich gemütlich ins Bett und denke an alles, wofür du von ganzem Herzen dankbar bist. Freue dich über die tollen Menschen, die in deinem Leben sind, dein Haustier, das dir Freude bereitet und alle wunderbaren Erlebnisse, die dein Leben bereichern.

11. **Progressive Muskelentspannung**
    Bei der Progressiven Muskelentspannung werden einzelne Körperpartien, wie beispielsweise die Arme, der Kopf, der Rumpf oder die Beine angespannt und wieder entspannt. Dieses Verfahren ist nicht nur am leichtesten zu erlernen, sondern es ist auch am besten wissenschaftlich untersucht. Eine Muskelgruppe kann sehr effektiv entspannt werden, wenn man sie vorher ganz bewusst anspannt.

    Bei der progressiven Muskelentspannung macht man sich den Effekt zunutze, dass die Entspannung von Muskelgruppe zu

Muskelgruppe übertragen wird, worauf weitere Entspannungsprozesse im gesamten Körper folgen. So sinkt etwa der Blutdruck, Pulsschlag und Darmtätigkeit werden reduziert, und auch die Atmung wird ruhiger.

Dabei arbeitet man mit einer Muskelgruppe nach der anderen, spannt sie an, hält die Spannung kurze Zeit und lässt dann los – beginnend mit der rechten Hand, über die Arme bis zu Gesicht und Nacken, dem Rücken, dem Bauch und schließlich der Beine und Füße. Spüre, wie jeder Bereich deines Körpers schwerer wird – und vielleicht schläfst du sogar schon ein, bevor du bei den Füßen angelangt bist.

12. **Aromatherapie**
Die Aromatherapie nutzt Essentielle Öle von Pflanzen, um das physische und mentale Wohlbefinden zu steigern. Unser Geruchssinn ist einer der am stärksten ausgeprägten: Düfte können starke Erinnerungen und Emotionen auslösen, z.B. Omas Vanillepudding (gutes Gefühl) oder die zugemüllte Straße (schlechtes Gefühl). Die Aromatherapie basiert auf dem Vorhaben, dich mit wohlriechenden Düften zu umgeben. Studien zeigen, dass der Einsatz von Aromatherapie die Schlafqualität verbessern kann, z.B. Lavendel- oder Rosenöl, Bergamotte oder Ylang Ylang. Düfte können Stress abbauen,

beruhigend wirken und eine angenehme Atmosphäre schaffen. Ein Diffuser verteilt den Duft im Raum und unterstützt so einen entspannten Schlaf.

Geführte Schlafmeditation

Die überragende Wirkung von Meditationen ist seit einiger Zeit auch in der westlichen Welt bekannt und anerkannt. Ich habe die Erfahrung gemacht, dass ich bei einer geführten Schlafmeditation besonders gut einschlafen kann – insbesondere, wenn ich mich auf die Meditation fokussiere und ganz darauf einlasse.

Eine geführte Meditation ist eine sehr effektive Art, Veränderungen in deinem Leben herbeizuführen. Das liegt an der Art und Weise, wie unser Gehirn funktioniert. Du hast ja in einem vorherigen Teil dieses Buches schon erfahren, dass das Gehirn nicht zwischen Realität und Fantasie unterscheiden kann. Wenn du also in der Realität eine Erfahrung machst, ändert das Gehirn seine neuronalen Autobahnen und leitet dieses Information an das Unterbewusstsein weiter.

Das gleiche passiert mit deinen Gedanken, die du in deiner Vorstellung aufbaust. Das Gehirn nimmt an, dass du diese Erfahrungen tatsächlich gemacht hast und bildet so neuronale Verbindungen und leitet diese Informationen ebenfalls an dein Unterbewusstsein weiter.

Geführte Schlafmeditationen geben dir also neue und bessere Erfahrungen und Erlebnisse, indem der Erzähler dich durch verschiedene Szenen führt.

Diese Szenen sind immer positiv und verändern deine neuronalen Verbindungen im Gehirn, um ein großartiges Erlebnis für dich zu schaffen.

Das Schöne bei einer geführten Meditation ist, dass du dich einfach in die Geschichte fallen lassen kannst. Bei einer traditionellen Meditation brauchst du schon etwas persönlichen Einsatz, z.B. Fokus, Atmung, Konzentration. Du gehst mit einer gewissen Achtsamkeit in eine Meditation, die du hier ja auch trainieren möchtest.
Eine geführte Meditation dagegen nimmt dich langsam an die Hand und führt dich. Du wirst langsam in einen meditativen Zustand geführt, in dem du dich einfach entspannen kannst. Du hast hier nichts weiter zu tun, als dich fallen zu lassen und zu entspannen. Die beruhigende Stimme des Erzählers lässt dich oftmals schon in den Schlaf fallen, bevor die Meditation beendet ist.

Wenn du abends Schwierigkeiten hast, entspannt einzuschlafen und dich eher längere Zeit im Bett wälzt und deinem Kopfkino hingibst, ist eine geführte Schlafmeditation genau das Richtige für dich.

Suche dir ein paar Meditationen aus, bei denen dir die Stimme des Erzählers zusagt.

Dies ist eine der wichtigsten Voraussetzungen, da diese Stimme dich intensiv begleiten wird. Du findest viele CDs und auch Videos auf Youtube, die geführte Schlafmeditationen anbieten.

Lege dich bequem in dein Bett und nutze Kopfhörer, die dich nicht stören, falls du einschlafen solltest. So nimmst du die Meditation noch intensiver auf und besonders Meditationen, die mit bestimmten Frequenzen arbeiten, bedürfen eines Headsets. Dazu reichen auch die kleinen In-Ear-Kopfhörer, die oft beim Handy dabei sind. Atme im normalen Rhythmus und folge der Meditation, während du dich immer schwerer fühlst und langsam in den Schlaf sinkst.

Wir freuen uns, wenn du hier noch die eine oder andere Anregung findest oder aus diesem Fundus deine ganz eigenen, kreativen Ideen wachsen lässt. Es ist völlig egal, was du tust – Hauptsache, es tut dir gut und macht Spaß!

5. POWERVOLLE AFFIRMATION FÜR DEIN BESTES LEBEN

Breathe in the good shit.
Breathe out the bullshit.
- Unbekannt -

WAS SIND AFFIRMATIONEN?

Bei Affirmationen handelt es sich um einfache Sätze, die klar und positiv formuliert werden. Diese können sowohl leise als auch laut ausgesprochen werden und versorgen dein Unterbewusstsein mit neuen Informationen. Um dein Leben achtsamer zu gestalten und aktiver im Hier und Jetzt zu leben, präsent zu sein und den Menschen in deiner Nähe mehr Aufmerksamkeit zu schenken, ist es wichtig, dass du dich selber liebst. Dass du dich annimmst und akzeptierst, wie du bist. Das bedeutet nicht, dass du dich nicht weiterentwickeln darfst, sondern dass du ungute Gefühle und Gedanken dir gegenüber in positive Gefühle und Gedanken umwandelst.

Affirmationen sollen einerseits dabei helfen, Blockaden zu lösen, andererseits aber auch Störungen, hindernde und überholte

Gedankenstrukturen durch neue positive Gedankenmuster ersetzen.
Damit gehören Affirmationen zu den psychologischen Werkzeugen, die auch ohne die Anwendung weiterer Hilfsmittel wirkungsvoll sind. Sie unterstützen deine Fähigkeit, dein Verhalten künftig zielsicherer und systematischer zu steuern. Affirmationen stellen also einen zuverlässigen Beitrag dar, der dir dabei hilft, dich persönlich weiterzuentwickeln und ein achtsameres und präsentes Leben zu führen.

BESCHRÄNKUNGEN UND BLOCKADEN

Jeden Tag schwirren etwa 50.000 Gedanken durch den Kopf eines jeden Menschen. Wenn du auf dieses mentale Selbstgespräch achtest, solltest du dir auch Gedanken darüber machen, wie diese Gedanken auf dich wirken. Bist du eher ein Optimist oder plagen dich Schuldgefühle? Bist du in deinem Denken eher der Vergangenheit verhaftet oder denkst du gegenwarts- und zukunftsorientiert?

Du musst dir nur selbst intensiv zuhören und kannst dann deine persönlichen Beschränkungen und Blockaden relativ einfach heraushören.

Denn diese Sätze, die du in Gedanken immer wieder hörst, sind dafür verantwortlich, dass du genau da stehst, wo du jetzt stehst. Diese Gedanken haben Einfluss auf dein tagtägliches Erleben und gestalten dein Leben maßgeblich mit. Der Grund dafür liegt darin, dass diese Gedanken deine Einstellungen, deinen Glauben und deine Überzeugungen widerspiegeln.

Vielleicht hast du in der Kindheit oft Sätze gehört, die besagen, dass du ständig trödelst und schlampig bist. Oder aber du hast viel Lob erfahren und wurdest förmlich in den höchsten Himmel gehoben.

Derartige Aussagen hast du als Kind komplett ungeprüft übernommen, weil du sie als wahr empfunden hast. Jedoch hast du derartige Aussagen als Kind in deinem Unterbewusstsein gespeichert, sie prägen seither also deine Gedankenwelt ebenso wie dein Handeln, dein Verhalten und dein Selbstwertgefühl. Aus diesen Botschaften aus der Kindheit können im Lauf der Jahre persönliche Beschränkungen entstehen, die dir bis in die Gegenwart hinein im Weg stehen.

Wenn du deine eigenen Glaubenssätze bewusst und ehrlich annimmst, erkennst du zunächst einmal, nach welchem Muster du lebst. Erst dann kannst du daran gehen, die Glaubenssätze so umzuwandeln, dass du ein Leben führen kannst, wie du es dir wünschst. Dies ist ein weiterer großer Schritt hin zu mehr Achtsamkeit in deinem Leben.

Diese Glaubenssätze sind ebenso fest in deinem Unterbewusstsein verankert wie deine Verhaltensmuster. Willst du eine Veränderung in deinem Handeln und Denken erreichen, musst du also die Kraft deines Unterbewusstseins nutzen. Denn eine reine Willensbekundung deinerseits wird sicher nicht ausreichen, damit du dein erhofftes Ziel erreichst.

Eine Verhaltensänderung lässt sich aber dadurch unterstützen, dass du positive Affirmationen anwendest. Der Grund: Du fütterst dein Unterbewusstsein mit den entsprechenden Botschaften und ersetzt dadurch alte Einstellungen und Überzeugungen durch Neue.

Die wichtigsten Voraussetzungen

Es gibt einige Grundvoraussetzungen, damit die Affirmationen auch die gewünschte Wirkung erzielen. Am wichtigsten ist dabei, dass die Affirmationen so gewählt sind, dass sie zu deinem Problem passen. Darüber hinaus musst du auch bereit sein, dein Problem zu lösen und die damit verbundenen Änderungen deines Verhaltens auch wollen. Zunächst einmal musst du also bereit sein, dich zu ändern, damit du zu der besten Version deiner selbst werden kannst.

So gehst du mit Affirmationen um

Affirmationen kannst du äußerst vielfältig anwenden. Du kannst beispielsweise schon bestehende Affirmationen verwenden und diese bei Bedarf umwandeln. Natürlich kannst du aber auch komplett eigene Affirmationen verwenden. Wichtig ist nur, dass die Affirmation stimmig ist und du mit ihr zurechtkommst, damit sie auch erfolgreich angewendet werden kann.

So bereitest du dich optimal vor

Für die Anwendung von Affirmationen brauchst du nur wenig Zeit. Es ist bereits hilfreich, wenn du dich 3 Minuten am Tag mit deinen Affirmationen auseinandersetzt, indem du dich voll und ganz auf sie fokussierst. Wenn du etwas mehr Zeit zur Verfügung hast – umso besser. Ebenso solltest du an einem ruhigen Ort eine entspannte Grundhaltung einnehmen. Besonders einfach dürfte dir die Anwendung von Affirmationen fallen, wenn du dafür ein kleines, abendliches Ritual einrichtest.

Die Wirkung von Affirmationen ist größer, wenn du sie laut aussprichst. Ein weiterer Vorteil besteht darin, dass du über das Gehör eine zusätzliche Kontrolle darüber hast, ob deine Worte auch wirklich stimmig klingen. Eine Affirmation kann auf den ersten Blick gut sein, aber wenn du sie aussprichst, wirst du sehr schnell spüren, ob es DEINE Affirmation ist.

Vielleicht ist jetzt einfach noch nicht der richtige Zeitpunkt für genau diese Affirmation. Lege sie beiseite und komme einfach zu einem späteren Zeitpunkt noch einmal auf sie zurück.

Als Alternative kannst du deine Affirmationen auch

auf kleine Zettel schreiben, die du in der Wohnung an Stellen aufhängst, auf die dein Blick öfter fällt. Etwa an den Kühlschrank, den Bildschirm deines Computers oder den Spiegel. Denn jedes Mal, wenn dein Blick auf einen dieser Zettel fällt, wirst du an die Affirmation erinnert.
Deren Wirksamkeit ist umso größer, je häufiger du dein Gehirn damit trainierst. Zusätzlich kannst du die Affirmation auch aufnehmen und diese bei passender Gelegenheit anhören.

Die Wirkung einer Affirmation wird ebenfalls verstärkt, wenn du sie täglich mindestens 30 Mal von Hand aufschreibst. Der Grund: Durch das Schreiben wird das Gehirn aktiviert. Wenn wir etwas aussprechen oder schreiben, bekommt es eine Struktur und dadurch Verständnis, Akzeptanz und Lösungsmöglichkeiten. Die Emotionen werden besser verarbeitet. Neue Informationen werden integriert und die belastenden Ereignisse dadurch relativiert.

POSITIVE UND NEUTRALE AFFIRMATIONEN

Jeder Mensch hat ein gewisses Selbstbild, das sich über Jahre hinweg entwickelt hat. Dieses Selbstbild basiert unter anderem auf unseren Erfahrungen, unseren Glaubenssätzen, unseren Werten und unserem Umfeld. Dein Selbstbild ist zwar nicht in Stein gemeißelt, doch es lässt sich nicht von heute auf morgen ändern. Sei daher also nicht zu ungeduldig,

sondern gib dem Ganzen etwas Zeit.
Wenn eine positive Affirmation also noch nicht mal ansatzweise deiner Erfahrung und deinem Selbstbild entspricht, wird sie wahrscheinlich nicht funktionieren. Dann kannst du dich genauso gut vor den Spiegel stellen und dir vollen Ernstes einreden, dass du ein Einhorn bist.

Ein Beispiel: wenn du dir sagst „Ich liebe mich", kann es sein, dass sich eine kleine Stimme meldet.
Dein Stimme wird sagen: *Nein! Das stimmt doch gar nicht. Ich mag dieses und jenes nicht an mir. Erzähle keinen Blödsinn, du Lügner!*
Diese Stimme ist dein innerer Lügendetektor. Und dieser springt an, wenn du dir etwas einreden willst, was nicht mit deinem Selbstbild und deinen Erfahrungen übereinstimmt. Vielleicht ist dieser positive Satz dann zum jetzigen Zeitpunkt noch etwas zu groß oder zu weit entfernt. Das ist nicht schlimm und macht wirklich gar nichts. Es ist auch völlig normal, dass einige Sätze sich zuerst etwas merkwürdig anhören oder anfühlen.

Die Kunst ist es, hier nicht aufzugeben und achtsam in sich hineinzuhorchen. Stelle dir die folgende Frage: Wie kann ich diesen Satz umformulieren, damit er sich gut anfühlt? Probiere es so lange aus, bis du einen Satz gefunden hast, der zwar in die Richtung geht, sich aber gut anfühlt. Dieser könnte z.B. lauten: „Ich akzeptiere mich selbst". Oder „Ich bin auf dem besten Wege, mich zu lieben".
Diese Sätze sind etwas abgeschwächt und dadurch

etwas neutraler. Probiere aus, womit du dich wohlfühlst.

SO WÄHLST DU DIE AFFIRMATION AUS

Wähe zu Beginn eine Affirmation für ein einfaches Thema aus, welches dich bewegt. Dadurch machst du eine positive Erfahrung und gewinnst an Sicherheit, was dich zum Weitermachen ermutigt. Die Sätze für die Affirmation solltest du so wählen, dass sie dir eine Vorfreude bereiten.
Was ist dein aktuelles Thema? Finanzen? Gesundheit? Beziehungen? Liebe? Selbstliebe? Zweifel? Selbstvertrauen? Erfolg? Vielleicht sogar eine Kombination aus mehreren Bereichen?

Übernimm dich zu Beginn nicht. Meistens möchte man sofort alles angehen und stürzt sich mit Schwung in 10 Affirmationen. Von denen glaubt man 8 erstmal selber nicht, weshalb du die Sätze innerlich direkt ablehnst.

Nochmal: es geht nicht darum, einfach irgendwelche Sätze runterzurattern. Es geht darum, dass du die für DICH passenden Sätze findest, die sich GUT anfühlen und die du SPÜRST. Das hat ein bisschen mit Experimentieren zu tun und kann ein paar Tage dauern. Schreibe dir passende Sätze auf, sage oder denke sie und spüre, wie es sich anfühlt. Ändere diese Sätze nach Bedarf ab und probiere es erneut. Und nochmal. Und nochmal. Bis es passt!

Die Sätze der Affirmation kannst du dadurch verstärken, dass du sie mit erfreuenden und ermutigend Details ergänzt. Und nicht zuletzt solltest du dich für jene Formulierungen entscheiden, welche in dir die positivsten Gefühle und Leichtigkeit hervorrufen.

Fange mit einem Thema an und wähle höchstens drei Affirmationen aus. Sage dir diese Affirmationen mehrere Tage lang mehrmals pro Tag auf: morgens im Bett, abends vor dem Schlafen gehen, während der Meditation, beim Sport, in der Mittagspause.

Alternative Vorgehensweisen

Stell dir bildhaft vor, was du dir wünschst und entwickle zu deiner Affirmation ein kraftvolles inneres Bild. Du kannst dir aber auch vorstellen, dass dein Wunsch bereits in Erfüllung gegangen ist. Dadurch verleihst du dem Bild zusätzlich eine positive Energie. Wichtig ist, dass du IMMER in der Gegenwart sprichst. Du weißt schon: achtsam im Hier und Jetzt.
Weder in der Vergangenheit, noch in der Zukunft.

Zwar sind auch viele Mentaltrainer der Meinung, dass das Unterbewusstsein nicht zwischen Bejahungen und Verneinungen unterscheiden kann. Dennoch solltet du für dein Affirmation ausschließlich eine Bejahung wählen. Dadurch wird deine Botschaft an das Unterbewusstsein klarer und eindeutiger.

Der Apotheker Emile Couè hatte den Nutzen von

Affirmationen als erster erkannt. Er arbeitete erfolgreich bei vielen Menschen mit Affirmationen, die Tag für Tag eine kleine, positive Veränderung bewirkten.

Wenn du Schwierigkeiten damit hast, dir positive Affirmationen in der Gegenwart abzukaufen (z.B. „Ich bin erfolgreich"), fällt es dir vielleicht leichter, diese entweder neutral zu formulieren oder im ersten Schritt in die Zukunft zu verlagern: Ich bin auf dem besten Wege, erfolgreich zu sein.

Das ist in diesem Moment ein besserer Weg als die Formulierung einer Affirmation in der Gegenwartsform, weil sich hier allzu schnell der innere Kritiker zu Wort meldet, der letztlich auch alles Erreichte in Frage stellt.

Denn dein Unterbewusstsein glaubt dir definitiv nicht, dass du schon erfolgreich bist. Sehr wohl glaubt es aber daran, dass du erfolgreich werden kannst, wenn du täglich etwas dafür tust und dich deinem Ziel mit kleinen Schritten näherst. Dann werden die positiven Affirmationen rasch Erfolge für dich zeigen können.

Hier ein paar Beispiele:

- Statt „Ich möchte nicht mehr um alles kämpfen müssen" sagst du „Mir gelingt alles mit Leichtigkeit"
- Statt „Ich möchte nicht mehr füllig sein" sagst du „Ich nehme mit Leichtigkeit ab"
- Statt „Ich möchte keine Schulden mehr

haben" sagst du „Ich lebe in Fülle, Erfolg und Reichtum" oder „Ich bin auf dem besten Wege, in Fülle, Erfolg und Wohlstand zu leben"

- Statt „Ich möchte nicht mehr an mir zweifeln" sagst du „Ich bin auf dem besten Wege, mich zu akzeptieren, wie ich bin"

Werde eins mit deiner Affirmation, lass diese auf deinen ganzen Körper wirken und stell dir den mit der Affirmation verbundenen Zustand möglichst bildhaft vor. Als Folge wirst du bemerken, wie sich die Affirmation nach und nach verwirklicht und wie du die dafür notwendigen Fähigkeiten entwickelst.

Denn erst, wenn wir uns dem „Problem" wirklich öffnen und es positiv ansprechen, öffnet sich auch unser Unterbewusstsein und kann so an Lösungen arbeiten.

Schließlich gewinnst du eine positive Einstellung und auch die notwendige Kreativität, damit du die Affirmation auch verwirklichen kannst. Während dieses Prozesses nimmst du auch sämtliche Impulse, die dir bei der Verwirklichung helfen, wahr. Dadurch wachsen in dir kreative und positive Kräfte heran.

Irgendwann spürst du auch die energetischen Auswirkungen der jeweiligen Affirmation. Nun kannst du die positiven Veränderungen und die wohltuende Wirkung richtig genießen. Die Affirmation solltest du übrigens stets als Dank an Gott oder das Universum formulieren. Dabei ist es egal, ob du einer Religion angehörst oder nicht, ob du gläubig bist oder nicht. Es geht lediglich darum, die Affirmation abzugeben – an Gott, das Universum, eine Energie, das Karma. Womit auch immer du dich wohlfühlst.

Der Mehrwert positiver Leitsätze und Affirmationen

Affirmationen haben vor allem einen großen Vorteil: Du stärkst mit ihrer Hilfe dein Selbstvertrauen und schaffst somit die Voraussetzungen dafür, dass sich dein Leben von Grund auf ändern kann.

Dabei handelt es sich bei Affirmationen im Grunde lediglich um positive Leitsätze, die du in dein Unterbewusstsein bringst.

Jeden Tag erfährst du viele verschiedene Situationen, in denen du die Wahl hast dich zu bestärken oder runterzumachen. In den meisten Menschen schlummern tief im Inneren negative Glaubensmuster, die es zu erkennen und nach und nach durch Positive zu ersetzen gilt.

Wir leben in einer Gesellschaft, in der wir eher dazu neigen, uns innerlich runterzumachen als zu bestärken. Dabei ist es für dich und alle Menschen in deinem Umfeld so viel besser, wenn du selbstbewusst, positiv und voller Leichtigkeit durch die Welt gehst! Denn dann hast du die Kraft, andere Menschen zu inspirieren und zu begeistern!

Allerdings solltest du mit einem guten Plan vorgehen, wenn du die Affirmationen in deinem Unterbewusstsein verankern möchtest. Der Grund:

Wenn du nur ein geringes Selbstvertrauen besitzt, zeigen diese Autosuggestionen – um nichts anderes handelt es sich grundsätzlich bei Affirmationen – oft nicht die gewünschte Wirkung. Dem kannst du aber vorbeugen, indem du folgendermaßen vorgehst:

Stärke dein Selbstbewusstsein

Ist dein Selbstbewusstsein eher gering ausgeprägt, solltest du zunächst einmal dein Selbstbewusstsein auf andere Art stärken, bevor du mit dem Aufsagen von Affirmationen beginnst. Im ersten Schritt kannst du beispielsweise dein Selbstakzeptanz stärken. Dazu würdigst du die eigenen Stärken und versuchst zugleich, herauszufinden, was andere bei dir als Stärke empfinden. Rufe dir dafür erst einmal in Erinnerung, was du in der Vergangenheit bereits erreicht und gelernt hast. Du hast in diesem Buch bereits einige 3-Minuten-Tipps gelesen, wie du achtsam wahrnehmen und notieren kannst, was du bisher erreicht hast, worauf du stolz bist, was dich glücklich macht. Deine Schwächen solltest du in diesem Schritt natürlich ebenso akzeptieren, da dies ein wichtiger Schritt hin zu Akzeptanz und Selbstliebe ist.

Es lohnt sich außerdem, die bisherigen Glaubenssätze

kritisch zu hinterfragen. Bei diesem Schritt kannst du auch versuchen, negative Glaubenssätze durch Positive oder Neutrale zu ersetzen.

Auch bestimmte Verhaltensänderungen können dazu beitragen, dass dein Selbstvertrauen gestärkt wird. Beispielsweise, indem du dir realistische Ziele setzt, die du auch wirklich erreichen kannst. Auch dazu hast du hier im Buch bereits einige wertvolle Hinweise erhalten.
So kannst du morgens z.B. notieren, was du dir für diesen Tag vornimmst: gesund essen, meditieren, eine bestimmte Aufgabe erledigen, deine beste Freundin anrufen, früher ins Bett gehen, achtsamer durch den Tag zu gehen etc.

Abends liest du dir diese Punkte noch einmal durch oder machst sogar Häkchen an all die Punkte, die du umgesetzt hast. Dies hat eine große Wirkung auf dein Unterbewusstsein. Wichtig ist, dass du diese Übung nicht einfach morgens und abends runterratterst, sondern dir wirklich kurz Zeit nimmst und sie bewusst ausführst. Atme tief durch, lasse die Gedanken und Ideen durch dich strömen und genieße abends das Gefühl, deine noch so kleinen Erfolge abzuhaken.

Eine weitere Stärkung deines Selbstbewusstseins erreichst du dadurch, dass du eher hinderliche Gewohnheiten durch Gute ersetzt. Hierbei helfen dir vor allem die kleinen 3-Minuten-Taktiken, da 3 Minuten überall im Tag einzubauen sind. Es ist in diesem Moment für dich keine allzu große Umstellung,

die dir das Gefühl gibt, direkt dein ganzes Leben umkrempeln oder zu viel Zeit und Mühe investieren zu müssen. Denn genau davon wollen wir ja weg: diesem MÜSSEN.
Ziel ist es, kleine Änderungen Schritt für Schritt mit Leichtigkeit zu implementieren. Das hilft dir, dranzubleiben und achtsame Gewohnheiten langfristig umzusetzen.

DEIN WUNDERWERK GEHIRN: SO VERÄNDERST DU DEINE GEDANKEN

Grundsätzlich nimmst du deine Außenwelt durch sämtliche Sinne auf und unterziehst sie auch einer Bewertung. Du bewertest jede deiner Wahrnehmungen mit Ereignissen, die bereits geschehen und in deiner Erinnerung vorhanden sind. Diese Bewertung hat eine wichtige Funktion für den Selbstschutz des Menschen, was sich aus grauer Vorzeit erhalten hat. Denn einst diente diese schnelle Bewertung dazu, den Menschen vor Gefahren zu schützen.

Größtenteils werden deine Wahrnehmungen irgendwo zwischen positiv und negativ bewertet, was in dir keinerlei Alarmsignal auslöst. Ein Gedankenstrom wird aber dennoch aktiviert. Deine innere Stimme kommentiert nämlich jede einzelne Wahrnehmung, sodass es in deinem Kopf zu einem ständigen Dialog kommt.
Dein Ziel ist es aber, deine Gedanken ganz aktiv zu

kontrollieren – zumindest in einem gewissen Maße. Denn genau so, wie automatisierte Gedanken und Bewertungen dich vor Gefahren schützen, können sie dich auch in einigen Bereichen blockieren. So kann es sein, dass du schon seit langer Zeit eine gelernte negative Einstellung zum Geld hast und daher negative Glaubenssätze mit dir herumträgst.

Ebenso kann es sein, dass du unbewusst den Glaubenssatz mit dir herumträgst, dass du es nicht wert bist, glücklich zu sein. Oder dass du es nicht wert bist, eine liebevolle Partnerschaft zu führen.

Hier ist es wichtig, dass du deine neu gelebte Achtsamkeit einsetzt. Es ist wichtig, nicht nur achtsam in der Außenwelt zu leben, sondern insbesondere auch achtsam sich selbst und seiner Innenwelt gegenüber zu sein. Im Außen kannst du immer nur bedingt etwas ändern, aber im Inneren hast du alle Möglichkeiten, die du dir nur vorstellen kannst. Das hat nichts mit Esoterik oder Hokuspokus zu tun, sondern es ist reine Biochemie und Physik.

Gedanken: Messbare Energie

Dir ist wahrscheinlich bekannt, dass unsere Gedanken reine Energie sind. Diese Energie kann sogar gemessen werden – bei jedem Arzt dieser Welt: anhand eines EEG's. Das Elektro-Enzephalogramm (EEG) misst die Hirnstromwellen. Alles, was das Gehirn wahrnimmt, verarbeitet es durch elektrische Signale. Es wandelt jedes Geräusch, jedes Bild und jede

Berührung in elektrische Impulse um und transportiert sie über die Nervenzellen und -bahnen. Elektroden (kleine Metallplättchen) auf der Kopfhaut messen die Ströme des Gehirns, ein Computer zeichnet sie auf. Als Ergebnis erhalten Ärzte ein Bild mit verschiedenen charakteristischen Wellen.

Um die Gehirnströme zu messen, verteilt der Arzt 20 Elektroden gleichmäßig auf dem Kopf des Patienten. Es werden Spannungsunterschiede zwischen jeweils zwei Elektroden gemessen.
Die Alphawellengeben die Hirnaktivität im Ruhezustand wieder, Betawellenzeigen die geistige Aktivität an. Die Thetawellensind so genannte Zwischenwellen, die im Kindes- und Jugendalter auftreten, später aber nur noch selten. Deltawellenweisen bei Erwachsenen auf Gehirnschädigungen hin. Für Kinder sind sie hingegen harmlos.

Du siehst also: Gedanken sind reine Energie und können sogar gemessen werden. Du kannst Affirmationen, also Gedankenenergie, nun ganz konkret auf verschiedene Art und Weise einsetzen, was deren Wirkung teilweise deutlich erhöhen kann. So übernimmst du ganz aktiv die Kontrolle über das, was du denkst und auch fühlst, denn beides hängt unmittelbar miteinander zusammen. Hierzu noch eine kurze Erklärung, wie genau das funktioniert:

DER SCHNELLSTE WEG DURCHS GEHIRN – DIE AUTOBAHN

Unsere Gedanken „bauen" unser Gehirn. So unglaublich es sich anhört: durch Gedanken können wir unser Gehirn physisch verändern und umbauen. Das macht deutlich, welche Kraft deine Gedanken haben!

Nervenzellen sind etwa so miteinander verbunden, wie Städte es durch Straßen sind. Es gibt dabei große Straßen, die viele Autos in kurzer Zeit von A nach B bringen können. Manche Städte sind überhaupt nicht direkt miteinander verbunden, sondern nur über einen Umweg über eine dritte Stadt. Manche Städte sind nur durch kleine Straßen verbunden, sodass hier wenig Autos durchkommen. Du wirst natürlich immer die breite Straße, die Autobahn wählen, wenn du schnell irgendwo hin musst.

Gewohnheit macht die Straßen breiter

Im Gehirn gilt: Je öfter eine Straße benutzt wird, desto breiter wird sie. Je öfter du also einen Gedanken denkst oder eine Tätigkeit ausführst (z.B. Auto fahren), desto häufiger werden elektrische Impuls zwischen zwei Synapsen ausgetauscht. Auf Dauer wird die Verbindung zwischen diesen Synapsen immer dicker – die Autobahn ist gebaut. Du musst nun nicht mehr jede Handlung während des Autofahrens überlegen, sondern schaltest, bremst und fährst ganz automatisch.

Das gleiche passiert, wenn du jahrelang Klavier spielen übst, eine Sprache oder eine Sportart lernst. Irgendwann geht es dir so in Fleisch und Blut über, dass du gar nicht mehr groß nachdenken musst. Dies ist das Ergebnis der Autobahn im Gehirn.

So ähnlich kannst du es dir auch mit deinen negativen Gedanken oder unachtsamen Gewohnheiten vorstellen: diese Autobahnen sind über die Jahre so breit geworden, dass du komplett auf Autopilot fährst. Die meiste Zeit des Tages verbringen wir im Autopiloten, sei es beim Zähneputzen oder beim Essen. Jedes Gefühl, jeder Gedanke, jede Handlung, die oft genug auftritt, wird sich verselbstständigen und bald automatisch ablaufen. Alles, was wir aus Gewohnheit und ganz automatisch tun, basiert auf diesem Prinzip. Deswegen sind Gewohnheiten auch so stark.

Das Spannende ist: Indem du breite Autobahnen baust, wird dieser Teil des Gehirns größer. Gehirnareale, die du aktiv nutzt, wachsen. Gehirnareale, die du nicht aktiv nutzt, bilden sich etwas zurück. Wenn du als Kind Klavier gelernt hast, aber 20 Jahre nicht mehr spielst, benötigst du diese Verbindung im Gehirn nicht mehr und sie bilden sich zurück, d.h. dieser Bereich wird kleiner. Entsprechend verändert sich das Gehirn physisch – mit deinen Gedanken formst du also physisch dein Gehirn!

Neue Autobahnen bauen

Die Metapher von den breiten Autobahnen veranschaulicht auch, warum Gewohnheiten und Probleme so stabil sind: es sind eben sehr breite Autobahnen.
Und wer nur einen einzigen Tag motiviert an einer anderen Autobahn baut, diese Arbeit aber bald wieder aufgibt und vom Alltag eingeholt wird, der kann sein Problem nicht lösen und seine Gewohnheit nicht ändern.

Kein Mensch kann eine neuronale Autobahn aber an einem einzigen Tag und mit einem einzigen Arbeitsschritt bauen. Neue Autobahnen brauchen Zeit und Engagement. Daher ist es so wichtig, lieber in kleinen, achtsamen Schritten eine Gewohnheit zu ändern – diese dafür aber über eine gewisse Zeit täglich durchzuführen. Kleine Schritte eignen sich dafür ausgezeichnet, da du nicht so schnell die Lust daran verlierst, sie nicht allzu stark in deinen Alltag eingreifen und du nicht direkt das Gefühl hast, vor einem Berg zu stehen. Du gehst eher ganz bequem über ein paar Maulwürfshügel.

Es ist wichtig, dass du etwas durchhältst, um eine Gewohnheit zu ändern. Das ist wie beim Umlernen einer Bewegungstechnik im Sport, beim Schreiben oder Tippen: Es ist ungewohnt, anders, anstrengender, man macht zunächst mehr Fehler. Schafft man es aber über diesen Punkt hinaus, dann wird die alte „Gewohnheits-Autobahn" immer

schmaler, weil sie nicht benutzt wird.
Die neue „Gewohnheits-Autobahn" hingegen wird immer breiter. Bald fährt man auch im Autopilot auf die neue Autobahn auf, ohne dass man sich bewusst darum kümmern muss. Die alte Autobahn verkümmert hingegen immer mehr.

Gewohnheiten schneller etablieren

Du kannst diesen Straßenbau beschleunigen, indem du dafür sorgst, dass im Gehirn die sogenannten Dopaminrezeptoren aktiviert sind. Dopamin ist ein Gehirn-Botenstoff, der z.B. für Antrieb und Motivation, aber auch für Glücksgefühle zuständig ist. Sind die Dopaminrezeptoren aktiv, ist das etwa so, als würdest du all deine Straßen-Bauarbeiter motivieren und dadurch deren Arbeitsgeschwindigkeit und Effizienz erhöhen. **Wer begeistert ist, verändert sich schneller!** Dies kannst du z.B. auch durch Belohnungen erreichen, auf die du dich freust. Vorfreude ist eine große Triebfeder und kann sehr motivierend wirken, was dir das Durchhalten erleichtern kann.

SO INTEGRIERST DU AFFIRMATIONEN OPTIMAL IN DEINEN ALLTAG

Beispielsweise kannst du dir deine Affirmationen auf kleine Kärtchen schreiben, die du stets bei dir tragen kannst. Dabei schreibst du auf jede Karte eine Affirmation. Sitzt du dann später in der U-Bahn oder im

Bus, kannst du die Kärtchen aus der Tasche ziehen und sie dir ein paarmal durchlesen.
Jene Affirmationen, die dir am wichtigsten sind, solltest du auswendig lernen, damit du sie jederzeit aufsagen kannst, wenn du gerade ein wenig Zeit hast, z.B. bei deiner Morgenroutine, beim Duschen oder Zähneputzen. Wie bereits vorher erläutert, wirken Affirmationen am Effektivsten, wenn du sie laut aufsagst, da sie dann durch mehrere Sinne in dein Unterbewusstsein gelangen können.

Du kannst dir auch ein Glas in die Wohnung stellen und deine wichtigsten Affirmationen auf Zettel schreiben und hineinlegen. Jeden Tag, wenn du an diesem Glas vorbeiläufst, nimmst du einen Zettel heraus und sagst dir diese Affirmation 10 Mal auf. Dabei atmest du tief ein und fokussierst dich voll und ganz auf diesen Satz. Nimm wahr, welches Gefühl dieser Satz in dir auslöst. Wenn du kannst, lächle dabei, so dass du deinem Gehirn suggerierst, dass du dabei glücklich bist. Denke daran, dass du das Lächeln mindestens 60 Sekunden aufrecht erhältst.

Sobald du morgens die Augen öffnest, hast du die Möglichkeit, den Tag mit positiv besetzten Gedanke zu begrüßen. Die positiven Gedanken kannst du in deinem Unterbewusstsein verankern, noch bevor du dich überhaupt bewegt hast.

Wenn du in einem leichten Trancezustand zwischen schlafen und aufwachen bist, kannst du dein Denken bestens neu programmieren. Der Grund:

Dein Gehirn befindet sich in dieser Phase noch im Alpha-Zustand und ist besonders empfänglich für Botschaften an das Unterbewusstsein. Sagst du dir also in diesem Zustand deine Affirmationen auf, können sie besonders gut vom Unterbewusstsein aufgenommen werden.

Allerdings bist du in dieser Phase auch besonders empfänglich für negative Gedanken. Sobald du also einen destruktiven Gedanken entdeckst, richtest du deinen Fokus direkt auf positive Gedanken. Wenn du kannst, verbinde diese auch mit einem positiven Gefühl, da diese Kombination noch intensiver wirkt.

Unsere Gedanken sind nicht vollkommen unabhängig von unserem Einfluss. Wir können beeinflussen, was wir denken. Du kannst zum Beispiel jetzt sofort gezielt an eine Giraffe denken, die auf Blättern rumkaut. Das geht, oder?
Genauso ist es mit guten Gedanken. Gedanken also, die statt Stress, Angst und Trauer eher Liebe, Freude und Glück in dir erzeugen. Auch diese kannst du willentlich hervorrufen und mit einem Gefühl der Dankbarkeit verbinden. Wir hatten in diesem Buch bereits die Kraft der Dankbarkeit: sobald du dankbar bist, ist es fast unmöglich, negative oder belastende Gedanken und Gefühle zu entwickeln. Wenn du diese dankbaren Gedanken und Gefühle also direkt morgens nach dem Aufwachen zulässt, noch während du im warmen Bett liegst, haben sie eine

enorme Wirkung auf dich.

99 STARKE AFFIRMATIONEN

Affirmationen kannst du in nahezu allen Bereichen des Lebens verwenden. Hier einige Beispiele:

SELBSTVERTRAUEN

1. Ich vergebe mir
2. Ich bin dankbar
3. Ich bin voller Energie und Selbstvertrauen
4. Ich ziehe alles in mein Leben, was gut und positiv ist
5. Ich liebe Veränderungen und passe mich mit Leichtigkeit neuen Situationen an
6. Alles, was ich mir vorstellen kann, ist möglich
7. Ich ziehe positive, selbstbewusste und inspirierende Menschen an
8. Ich bin ein Problemlöser. Ich finde immer die passende Lösung
9. Ich lebe im Jetzt und vertraue auf die Zukunft
10. Ich atme Selbstvertrauen ein und Zweifel aus
11. Ich bin einzigartig
12. Ich bin es wert, große Dinge in mein Leben zu ziehen
13. Mein Selbstvertrauen und meine Selbstliebe steigern sich von Tag zu Tag
14. Ich bin ein Geschenk für die Welt
15. Ich bin liebenswert

GLÜCK

16. Glück ist mein Geburtsrecht
17. Ich entscheide mich jeden Tag dafür, glücklich zu sein
18. Freude und Glück sind mein natürlicher Zustand
19. Ich trage zum Glück anderer bei und es kommt vielfach zu mir zurück
20. Das Leben ist erfüllt von schönen Dingen und ich nehme sie dankbar an
21. Ich treffe jetzt die Entscheidung, mein Leben einfach, leicht und freudig zu machen
22. Alles, was ich für mein Glück benötige, findet seinen Weg zu mir
23. Glück und Liebe durchströmen mein ganzes Leben
24. Ich bin glücklich
25. Ich wache morgens glücklich und voller Freude auf
26. Ich betrachte die Welt um mich herum mit einem Lächeln und voller Freude
27. Mein Herz läuft über vor Freude und Glück
28. Glücklich zu sein entspricht meinem wahren Wesen, welches ich voller Freude zeige

ERFOLG

29. Ich fühle mich stark, zuversichtlich und

energiegeladen
30. Ich kann alles in meinem Leben erreichen
31. Reichtum ist mein Geburtsrecht
32. Jeden Tag werde ich erfolgreicher
33. Erfolg ist mein natürliches Umfeld
34. Ich bin in Resonanz mit Erfolg und Wohlstand
35. Ich darf so viele Wünsche haben, wie ich will und bin dankbar für deren Erfüllung
36. Ich manifestiere Wohlstand in meinem Bewusstsein und weiß, dass alles zur richtigen Zeit in mein Wahrnehmungsfeld kommt
37. Es steht mir zu, erfolgreich zu sein
38. Ich öffne mich für den Erfolg in meinem Leben
39. Ich bin innerlich und äußerlich reich
40. Ich entscheide mich, mein Leben selbst in die Hand zu nehmen und meine Wünsche zu verwirklichen
41. Je mehr ich gebe, desto mehr Fülle erhalte ich
42. Ich bin glücklich und dankbar, dass mich Wohlstand und Fülle in meinem Leben begleiten

LIEBE UND BEZIEHUNGEN

43. Mein Partner und ich teilen eine tiefe und kraftvolle Liebe füreinander
44. Ich respektiere und bewundere meinen Partner und sehe nur das Beste in ihm/ihr
45. Ich liebe mich selbst und werde geliebt
46. Mein Partner und ich haben Spaß miteinander und genießen uns
47. Ich öffne mich für die Liebe. Liebe und Freude

durchdringen mein ganzes Sein
48. Mein Partner und ich kommunizieren offen und lösen Konflikte friedlich und respektvoll
49. Ich möchte nur das Beste für meinen Partner und unterstütze ihn/sie, wo ich nur kann
50. Ich kommuniziere meine Bedürfnisse offen und vertrauensvoll mit meinem Partner
51. Ich liebe meinen Partner genau so, wie er/sie ist und genieße seine/ihre Einzigartigkeit

SELBSTACHTUNG

52. Ich bin einzigartig. Ich fühle mich glücklich und lebendig
53. Ich bin stolz auf mich
54. Ich akzeptiere mich und weiß, dass ich es wert bin, Großes zu erreichen
55. Ich fülle meinen Geist mit positiven und nährenden Gedanken
56. Mein Selbstvertrauen und meine Selbstachtung wachsen von Tag zu Tag
57. Ich spüre tiefen Frieden in mir
58. Ich nehme mich selber an und liebe mich
59. Ich vertraue mir

ACHTSAMKEIT

60. Ich bin dankbar für diesen Moment und genieße ihn
61. Ich beobachte meine Gedanken und Taten ohne

Bewertung

62. Ich bin in all meinen Beziehung präsent
63. Ich akzeptiere und umarme alle Erfahrungen, auch die unerfreulichen
64. Es fällt mir leicht, zu meditieren und achtsam zu sein
65. Ich lasse die Vergangenheit los und lebe im Jetzt

GESUNDHEIT

66. Jede Zelle meines Körpers vibriert mit Energie und Gesundheit
67. Mein Körper wird gesund und ich fühle mich von Tag zu Tag besser
68. Mit jeder Ausatmung lasse ich den Stress los
69. Ich sende Liebe und Heilung an jede Zelle und jedes Organ meines Körpers
70. Ich bin frei von Schmerzen und mein Körper ist voller Energie
71. Ich schlafe tief und fest und wache erholt und voller Energie auf
72. Mein seelisches Gleichgewicht ist in vollkommenem Frieden mit mir selbst und anderen

DANKBARKEIT

73. Ich bin dankbar dafür, wie erfüllt mein Leben bereits ist
74. Meine Bedürfnisse und Wünsche werden großzügig erfüllt – dafür bin ich dankbar

75. Das Universum überschüttet mich jeden Tag mit Glück. Es ist an mir, mit Reichtum, Gesundheit und Liebe belohnt zu werden
76. Mein Leben ist außerordentlich, einzigartig und wundervoll. Dafür bin ich zutiefst dankbar
77. Ich bin dankbar für den reichen Schatz den Universums, der im Überfluss vorhanden ist
78. Ich fühle einen Überfluss an Dankbarkeit für alles, das ich habe und heute bekommen werde
79. Ich bin dankbar für jede Erfahrung in meinem Leben
80. Ich bin dankbar für meine vollkommene Gesundheit
81. Ich bin dankbar für die wundersame Lebensenergie in meinem Körper
82. Ich bin dankbar für die liebevollen Menschen in meinem Leben
83. Ich bin dankbar für meine Freiheit und meine freien Entscheidungen

GELD

84. Ich kann so viel Geld besitzen, wie ich möchte
85. Ich liebe es, Geld zu verdienen
86. Geld fließt von allen Seiten zu mir und bleibt bei mir
87. Ich liebe Geld und alles Gute, das man damit bewirken kann
88. Ich verdiene viel Geld, während ich das mache, was ich liebe
89. Ich weiß, dass ich wertvoll bin
90. Ich werde mit jedem Tag reicher und reicher

91. Ich ziehe Geld an (wie ein Magnet)
92. Ich ziehe Reichtum und Wohlstand an
93. Mein Leben ist erfüllt und reich
94. Reich sein ist einfach
95. Viel Geld gibt mir viele Möglichkeiten, Gutes zu tun

VERTRAUEN

96. Voller Freude und Vertrauen gehe ich weiter und weiß, dass in meiner Zukunft alles gut ist
97. Voller Liebe lasse ich die Vergangenheit ganz los
98. Mir fällt es leicht, andere Menschen zu lieben und zu akzeptieren
99. Ich verdiene nur das Beste und öffne mich dafür

6. BELOHNUNGEN UND IHRE KRAFTVOLLE WIRKUNG

Keiner von uns kommt lebend hier raus. Also hört auf, euch wie ein Andenken zu behandeln. Esst leckeres Essen. Spaziert in der Sonne. Springt ins Meer. Sagt die Wahrheit und tragt euer Herz auf der Zunge. Seid albern. Seid freundlich. Seid komisch. Für nichts anderes ist Zeit.

- Anthony Hopkins -

Vielleicht darf ich, Lasse, dir an dieser Stelle noch ein paar Erfahrungen von mir erzählen, denn ich gehörte zu den Menschen, die sich etwas neues vornahmen...und es dann nicht durchzogen. Ich gab frustriert auf, wandte mich dem neuen Projekt zu...und zog es nicht durch. Zum Beispiel wollte ich wieder 4 Mal pro Woche zum Sport gehen – so, wie ich es früher getan habe. Doch irgendwie kam der Alltag dazwischen und plötzlich wurde ich auch ziemlich kreativ mit Ausreden. Ich wollte jeden Morgen Öl ziehen (für die Entgiftung des Körpers), doch auch hier hielt ich nicht lange durch.

Thema Finanzen und Altersvorsorge: erst habe ich gar nichts gemacht – und dann wollte ich gleich alles angehen.
Ich informierte mich über ETF's, Aktiendepots, Anlagestrategien, Kryptowährungen und noch vielerlei mehr. Ich schaute Seminare und Videos, las Bücher, legte Depots an...und war dann so überfordert, dass es erstmal monatelang auch dabei blieb. Wirklich aktiv wurde ich aber in dem Moment nicht.
Warum?
Weil es einfach zu viel auf einmal war. Ich hatte mich selber so überfordert und wollte direkt alles auf einmal umsetzen. Mit dem Ergebnis, dass ich außer den ersten Schritten erstmal gar nicht weiter in die Umsetzung und ins Handeln kam.

Kommt dir das irgendwie bekannt vor? Für Menschen, die gerne abnehmen, mehr Sport treiben oder eine andere Veränderung in ihrem Leben herbeiführen möchten, sind das leider recht normale Erfahrungen. Doch wie kommt das? Man sollte meinen, dass doch der Gedanke, dass man sich etwas Gutes tut, Antrieb genug sei. Doch vielen Menschen fällt das Durchhalten schwer, wenn sie nicht zeitnahe Resultate erleben – und einige Änderungen benötigen eben ihre Zeit.

Glücklicherweise gibt es aber dennoch einen einfachen Weg, an deinem Vorhaben festzuhalten:

Belohnungen!

Belohne dich jedes Mal, wenn du einen wichtigen Meilenstein erreicht hast und belohne dich noch größer, wenn du ein gestecktes Ziel erreicht hast. Bei der Erläuterung zu den Autobahnen im Gehirn hast du bereits einen Eindruck davon gewonnen, warum Belohnungen so wichtig für uns und unsere Vorhaben sind: sie motivieren! Damit entwickelst du eine unglaubliche Kraft und Effektivität in vielen Bereichen, denn Belohnungen wirken nicht nur bewusst, sondern auch unbewusst auf uns ein.

Je häufiger dein Unterbewusstsein erfährt, dass auf ein erreichtes Ziel eine Belohnung folgt, desto aktiver unterstützt es dich bei der Zielerreichung. Indem du dir also vornimmst, achtsame Gewohnheiten in deinen Alltag zu integrieren, unterstützen dich Belohnungen dabei, neue Autobahnen in deinem Gehirn zu bauen. Denn je mehr Spaß du bei einer Tätigkeit oder einem Ziel hast, desto leichter fallen dir auch das Durchhalten und die Umsetzung und desto erfolgreicher wirst du neue Gewohnheiten integrieren.
Indem du dich auf etwas freust, unterstützt du dich selber dabei, an deinem Ziel festzuhalten. Besonders dann, wenn es mal wieder mit der Motivation hakt. Und genau das habe ich nicht getan: Ich habe mir keine Belohnung gegönnt, sondern habe einfach mit meinem Alltag und dem bekannten Hamsterrad weitergemacht. Dementsprechend waren meine kleinen Erfolge auch nichts Besonderes, sondern sie gingen einfach im Alltag unter.

WARUM WIR UNS SELBST ZU SELTEN BELOHNEN

Das Problem kennen vor allem Menschen, die in stressigen und anspruchsvollen Jobs arbeiten: Sie verbringen viel Zeit am Arbeitsplatz, und in der Freizeit gönnen sie sich zum Ausgleich keinen Genuss oder andere schöne Dinge des Lebens. Entweder, weil sie einfach zu gestresst, müde und energielos sind oder weil sie das Gefühl haben, doch eigentlich gar nichts belohnenswertes geleistet zu haben. Doch im Grunde wäre das ganz einfach und auch du kannst Belohnungen optimal in deinen Alltag integrieren.

Lege einfach zwischen zwei Aufgaben eine kleine Pause ein statt direkt zur nächsten Aufgabe zu hetzen, sobald du eine erledigt hast. In dieser kleinen Auszeit kannst du entspannen und deinen Tag abwechslungsreicher gestalten. Oftmals werden dich genau in diesen Zeiten des Leerlaufs neue Ideen zufliegen, da du deinem Gehirn eine kreative Pause gönnst. Umso wichtiger ist eine kleine Belohnung, wenn du einmal gerade in einem Motivationsloch steckst. Nimm dir dann etwas Schönes vor und die – vielleicht ungeliebte – Aufgabe geht dir plötzlich viel leichter von der Hand. Der Grund: Bei der Vorfreude auf eine kleine Belohnung handelt es sich um einen starken Trieb, der tief im Gehirn und im Unterbewusstsein verankert ist.

Das Verlangen nach einem guten Gefühl und dem damit verbundenen Handeln kannst du dir wie einen Schaltkreis vorstellen. Wenn du dir beispielsweise vornimmst, dir zur Belohnung ein Stück Schokoladentorte zu gönnen, reagiert darauf dein limbisches System. Das ist jener Teil des Gehirns, in dem das Triebverhalten ansässig ist und in dem Emotionen verarbeitet werden.

Weil nun der Botenstoff Dopamin ausgeschüttet wird, erwächst in dir das Verlangen nach der Torte. Dadurch wirst du zum Handeln motiviert, eben weil du das Stück Torte haben möchtest. Sobald du dann den ersten Bissen von der Torte nimmst, schüttet dein Körper verschiedene Hormone aus. Darunter auch Endorphin. Hierbei handelt es sich um ein körpereigenes Opioid, welches ein Hochgefühl erzeugt, weil du endlich bekommen hast, was du willst.

Eine Belohnung macht aber nicht nur dann Sinn, wenn du eine große Aufgabe erfolgreich bewältigt hast. Auch wenn du kleine Zwischenschritte gemeistert hast, solltest du dir unbedingt eine kleine Belohnung gönnen. Der Grund: Die Vorfreude bleibt dir auch bei großen und umfangreichen Aufgaben lange erhalten.

Belohnung oder Bestrafung?

Viele Menschen gönnen sich nach einem langen Arbeitstag zur Belohnung eine Tüte Chips. Oder wenn sie sich mehrere Tage lang gesund ernährt haben, eine Tafel Schokolade zwischendurch. Und auch

Kindern wird gern zur Belohnung ein Eis versprochen, wenn sie brav sind. Aber handelt es sich dabei auch wirklich um eine Belohnung?

Eine Belohnung sollte nämlich viel mehr etwas sein, dass du dir gönnst, wenn du auf etwas lange hingearbeitet hast. Oder eben ein kleines Extra zwischendurch, wenn du gerade in einem Motivationstief steckst. Du belohnst dich also dafür, dass du etwas erreicht oder gut gemacht hast.

Viele Menschen scheinen allerdings die Begriffe Belohnung und Bestrafung zu verwechseln. Denn wenn du dir beispielsweise zwischendurch eine Tafel Schokolade gönnst, obwohl du eigentlich abnehmen möchtest, hast du hinterher mit Sicherheit ein schlechtes Gewissen – und das ist mehr als kontraproduktiv.

Hinterfrage daher genau, welchen Sinn die Belohnung für dich haben soll. Frage dich, ob du dir mit der Belohnung einen Gefallen tust und ob es dir hinterher wirklich besser geht als zuvor. Geht es dir nach der Belohnung schlechter als davor, ist diese Belohnung eher eine schlechte Idee.

Machst du beispielsweise gerade eine Diät, könntest du dich mit einem Konzert, einem Kurztrip oder einem Kino-Abend mit Freunden belohnen statt mit Süßigkeiten. Auch macht es mehr Sinn, dich nach einer stressigen Arbeitswoche mit einem gemütlichen Fernseh-Abend und einem Glas Rotwein, einem

Saunatag, einer Massage oder Outdoor-Tag mit Freunden zu belohnen.

SO INTENSIV WIRKEN BELOHNUNGEN

Die wichtigsten Empfindungen, die dich zum Handeln motivieren sind Sehnsucht, Verlangen sowie Befriedigung. Denn diese Empfindungen beeinflussen das neuronale Belohnungssystem, welches in deinem Gehirn angesiedelt ist.

Schon 1954 haben US-amerikanische Wissenschaftler entdeckt, dass das menschliche Gehirn förmlich nach Belohnungen giert. Dafür ist das sogenannte mesocortikolimbische Belohnungssystem verantwortlich. Hierbei handelt es sich um ein weit verzweigtes Areal im menschlichen Gehirn.

Das Verlangen nach einer Belohnung entsteht in der Großhirnrinde. Wenn du dem Verlangen nachgibst, werden Signale an den Hippocampus, das limbische System und die Großhirnrinde gesendet, weil der entsprechende Befehl ausgesendet wurde.

Eine wichtige Stellung im Belohnungssystem nimmt dabei das Hormon Dopamin ein, welches das Verlangen und die Erwartung auf die Belohnung erzeugt und somit ein wichtiger Motivator ist.

So verändert sich das Belohnungssystem

Während deines Lebens verändert sich das Belohnungssystem, was sich insbesondere in der Pubertät und im Alter bemerkbar macht. So zeigte sich bei einer Studie der University of California, dass junge Menschen während der Pubertät vor allem dann viel Dopamin ausschütten, wenn sie eine riskante Handlung erfolgreich absolviert haben. Für sie ist das eine Motivation, erneut ähnliche Situationen aufzusuchen, wodurch sich auch erklärt, dass Teenager oft ein äußerst risikobetontes Verhalten an den Tag legen.

Der Grund für die hohe Dopamin-Ausschüttung liegt nach Meinung der Forscher darin, dass während der Pubertät das Gehirn massiv umgebaut wird. Dadurch werden wichtige Kontrollmechanismen zeitweise außer Kraft gesetzt, andere haben sich noch nicht komplett aufgebaut.

Auch im Alter reagiert das Gehirn anders auf Dopamin, wie sich in Studien eines französischen Instituts und des US-amerikanischen National Institute of Mental Health gezeigt hat.

Dabei ließen Forscher Teilnehmer, die sich im Alter von 25 und 65 Jahren befanden, bei einem Spiel antreten, bei welchem sie Geld gewinnen konnten. Während des Spiels untersuchten sie mittels Positronen-Emissions-Tomografie sowie der funktionellen Magnetresonanztomografie die Gehirnaktivität der

Teilnehmer. Zwar schütteten beide Altersgruppen in etwa die gleiche Menge an Dopamin aus, jedoch reagierte das Gehirn der jüngeren Teilnehmer intensiver darauf. Bei diesen stieg die Aktivität im präfrontalen Cortex massiv an. Bei den älteren Teilnehmern sank die Aktivität in diesem Bereich bei einer hohen Dopaminausschüttung dagegen ab. Für ältere Menschen dürfte eine positive Erwartung also nicht mehr so intensiv sein wie für jüngere.

Diese Rolle spielt das Dopamin

Dass der Neurotransmitter Dopamin eine wichtige Rolle beim Lernen spielt, ist schon seit geraumer Zeit bekannt. Wolfram Schultz, ein Neurophysiologe an der Universität Cambridge, hat dies näher untersucht. Unter anderem studierte er Affen, die für die Auswahl bestimmter Bilder eine Belohnung in Form von Saft oder Futter bekamen.

Dabei hatten die im Mittelhirn ansässigen Neuronen zunächst nur auf die Belohnung an sich reagiert. Später reagierten sie dagegen schon, sobald ein Affe ein Bild ausgewählt hatte, das die Belohnung versprach.

Gab es keine Belohnung oder kam diese zu spät, reagierten die Neuronen nicht mehr. Fiel die Belohnung dagegen üppiger aus, reagierten sie stärker.

Die Schlussfolgerung lautete also, dass die Nervenaktivität als Maß für eine Abweichung von der eigentlichen Erwartung gesehen werden kann.

Die elementaren Lebensbedürfnisse als Belohnung

Zu den elementaren Lebensbedürfnissen des Menschen gehören Nahrung und Flüssigkeit. Werden Hunger und Durst gestillt, stellt sich ein Glücksgefühl ein. Das gilt aber auch für andere Bereiche des Lebens: Jeder Mensch sehnt sich nach der Nähe zu geliebten Menschen und nach Sexualität. Extremsport oder eine rasante Fahrt mit der Achterbahn bringen neue Erfahrungen mit sich und gibt den Betroffenen einen besonderen Kick.

Das Verlangen und die Aussicht auf eine Belohnung motivieren den Menschen also zum Handeln. Wenn jemand Gefühle wie Freude oder Glück empfindet, wird das Gehirn von Botenstoffen förmlich durchflutet. Dadurch entsteht ein Wohlgefühl, das den Menschen handeln lässt.

WELCHE ARTEN VON BELOHNUNGEN GIBT ES?

Geht es um Belohnungssysteme, unterscheiden wir Erwachsenen uns nicht großartig von Kindern – klingt das nicht sehr schön? Denn Kinder können sich noch so richtig aus vollstem Herzen freuen und genießen. Sie freuen sich, wenn ihnen etwas Schönes versprochen wird und sind oftmals ganz aufgeregt, wenn sie das Versprochene endlich erhalten.

Sei auch du wieder Kind und belohne dich viel öfters!

Denke an das obige Zitat von Anthony Hopkins. Glaube mir, du hast es verdient ☺

Es gibt verschiedene Arten von Belohnungen, denn was den einen motiviert, ist für den anderen überhaupt nicht von Interesse. Wo der eine sich über ein langes Wochenende im SPA freut, würde der andere vor Langeweile eingehen und sich viel lieber ein lustiges Kneipenhopping mit Freunden wünschen. Belohnungen sind auch phasen- und situationsabhängig, denn je nachdem, in welcher Lebensphase oder beruflichen Phase du dich befindest, motiviert dich eine Art der Belohnung mehr als eine andere.

Da gibt es die unterhaltsamen Belohnungen wie der Besuch eines Events, Konzerts, Sportereignisses oder Kinos. Vielleicht freust du dich aber viel eher über etwas Verwöhnendes wie neue Sportkleidung, eine Maniküre oder ein Besuch im SPA?

Oder du setzt endlich etwas um, das du schon immer Outdoor machen wolltest: Kitesurfen, Picknick, Stadtführung, Kayaking.

Du siehst, es gibt viele Möglichkeiten, die Umsetzung deiner achtsamen Gewohnheiten zu unterstützen und effektiver zu gestalten.

Materielle Dinge als Belohnung

Warum kaufst du dir zur Belohnung für eine erfüllte

Aufgabe also nicht ein Bild oder ein Poster mit einem dekorativen Motiv, das du in deiner Wohnung aufhängen kannst? Du verschönerst damit nicht nur deine Wohnung, sondern schaffst auch eine Möglichkeit, zwischendurch einen Augenblick inne zu halten, an schöne Momente zu denken und zu entschleunigen.

Soziale Kontakte als Belohnung

Eine beliebte Belohnung für Kinder besteht auch darin, dass sie Freunde zu sich einladen dürfen, um mit diesen zu spielen und Spaß zu haben. Bereits für Kinder ist das eine sehr viel bessere Belohnung als beispielsweise ein Eis oder eine Tafel Schokolade. Und glaub mir: Das funktioniert auch bestens bei Erwachsenen! Wenn du eine Aufgabe erfüllt hast, triff dich beispielsweise mit einer alten Freundin oder einem Freund zum Kaffeetrinken oder zum Essen. Das Treffen und das Gespräch mit einem lieben Menschen kommt im Alltag in aller Regel viel zu kurz.

Ein Erlebnis als Belohnung

Kinder lieben es, wenn einen Besuch im Kino oder im Freizeitpark als Belohnung erhalten. Und auch das kannst du dir als Erwachsener ruhig gönnen.

Denn die Vorfreude auf ein Erlebnis außerhalb des Alltags motiviert dich auch über einen längeren Zeitraum hinweg. Zudem schaffst du dir eine positive Erfahrung, an die du lange und gern zurückdenken wirst (und das nicht nur, weil dir in der Achterbahn übel wurde).

Verbales Lob

Verbales Lob und Anerkennung erfährst du in aller Regel durch Dritte, die deine Leistung anerkennen. Die verbale Anerkennung kannst du dir aber auch selbst in Form einer Affirmation geben. Etwa indem du sagst: „Das habe ich gut gemacht und freue mich auf die nächste Herausforderung!" Oder du sprichst über dein Vorhaben mit einem Accountability Buddy, der dich bei der Stange hält, zwischendurch auch mal liebevoll antreibt und dich entsprechend auch ehrlich lobt, wenn du es geschafft hast.

99 INSPIRATIONEN FÜR BELOHNUNGEN

Kostenlose Belohnungen

1. Sei ein Faultier: gönne dir einen Tag, an dem du absolut gar nichts tust und in den Tag hineinlebst. Dabei kann man auch prima in der Sonne liegen und zusätzlich den Vitamin-D Speicher auffüllen
2. Lade Freunde zum Spiele-Abend ein! Wann hast du das letzte Mal Monopoly, Mau Mau, Charade oder Scrabble gespielt?
3. Telefoniere stundenlang mit lieben Freunden

4. Gehe ins Tierheim und schenke einem Hund einen schönen Spaziergang
5. Verliere dich in Gartenarbeit
6. Genieße Zeit in der Hängematte oder auf einer Schaukel
7. Dreh deine Lieblingsmusik voll auf und lass die Wände wackeln, während du dazu tanzt
8. Lege dich mit einem Glas Wein und einem Buch oder Film in die schaumgefüllte Badewanne
9. Bummle ziellos durch die Fußgängerzone und durch Buchläden, setze dich auf den Marktplatz oder mit einem Buch in den Park und beobachte die Menschen
10. Erkunde einen neuen Stadtteil, in dem du vorher noch nie oder selten warst
11. Schaue einfach mal am Nachmittag deine Lieblingsserie oder deinen Lieblingsfilm
12. Überlege, wem du eine Freude machen könntest – einfach mal so
13. Dekoriere deine Wohnung um
14. Kuschle dich mit Schokolade, Eis und Chips ins Bett und lies ein Buch oder schaue was Schönes auf Netflix
15. Mache eine Probestunde im neuen Fitnessstudio
16. Schmiede Pläne für den nächsten Urlaub und versinke in schönen Bildern von Urlaubsorten
17. Verwöhne dein Haustier mit einer Extra-Portion Zeit und Zuneigung

Unterhaltung pur

18. Gehe auf ein Konzert,
19. Besuche eine Comedy Show,
20. Gehe ins Theater
21. Gehe zum Sport-Event
22. Kaufe dir eine Karte für's Kino, Popcorn und Nachos
23. Versinke stundenlang bei deiner liebsten Serie oder deinem liebsten Online-Spiel – sogar, wenn es hellichter Tag ist
24. Melde dich zum Yogakurs, Tanzkurs, Malkurs, Fotografiekurs, Töpferkurs etc an
25. Gehe auf ein außergewöhnliches Event und spüre die Energie (z.B. Musik, Yoga, Mittelalter etc)
26. Geh zum Bowling oder Billard
27. Besuche eine Kunstgallerie, ein Museum oder eine Ausstellung
28. Besuche ein Craft Beer Tasting, Weinprobe, Gin-Tasting, Olivenölprobe, Kakaozeremonie
29. Schmeiß eine Party und denke nicht an das Chaos am nächsten Morgen
30. Abonniere etwas, das du schon immer haben wolltest: Amazon Prime, Netflix, Spotify, eine besondere Zeitschrift
31. Mache dir einen schönen Abend im Kasino, Abendkleid inklusive
32. Mache ein Kneipenhopping, gerne auch mit Live-Musik
33. Geh auf ein Festival-Wochenende – inklusive Zelt und Matsche

Für Leib und Seele

34. Gönne dir den größten Milch Shake, Frappé oder besonderen Spezialkaffee
35. Kaufe dir hochwertiges Olivenöl, losen Tee oder exklusives Salz im Feinkostgeschäft
36. Bummle über den Markt und kaufe frisches Obst, Gemüse und Fleisch direkt vom Bauernhof
37. Schnapp dir einen kleinen Kugelgrill und deinen Partner und genießt ein BBQ am See, bis die Sterne über euren Köpfen aufgehen aufgehen
38. Probiere den neuen Sushi-Laden
39. Genieße ein selbstgemachtes Käse- oder Schokoladen-Fondue mit lieben Menschen
40. Probiere einen neuen oder deinen ersten Smoothie – selbstgemacht oder in einem tollen Café
41. Besuche endlich das coole vegetarische oder vegane Restaurant und probiere dich durch die verschiedenen, außergewöhnlichen Kreationen
42. Mach es dir gemütlich und bestell dir ein leckeres Gericht nach Hause
43. Geh auf einen Cocktail-Abend mit deinen Mädels oder auf eine Whiskey-Tour mit deinen Jungs
44. Feiere mal wieder eine Nacht mit Freunden richtig durch
45. Schenke dir ein Tattoo oder Piercing
46. Besuche den VHS-Kurs, den du schon lange

belegen wolltest

Volles Verwöhn-Programm

47. Gönne dir ein neues, cooles Sport-Outfit
48. Kaufe dir ein sinnliches und verwöhnendes Duschgel, Bodylotion oder Gesichtscreme
49. Buche eine Stunde bei einem Personal Trainer
50. Besuche einen Beauty Salon oder gönne dir ein ganzes Wochenende im SPA und buche dir ein Rundum-Paket mit Waxing, Maniküre & Pediküre, Peeling, Maske und Massage
51. Verabrede dich mit lieben Freunden zum ausgiebigen und stundenlagen Brunch
52. Gönne dir eine Haushaltshilfe
53. Genieße einen Tag voller Faulenzerei und ohne Pläne, To-Do-Listen und Vorhaben
54. Buche ein professionelles Foto-Shooting und sei überrascht, wie wandelbar du bist
55. Abonniere eine Frische-Box, die dir jede Woche frisches Obst und Gemüse nach Hause liefert
56. Lasse dir die Augenbrauen zupfen und die Wimpern färben
57. Kaufe dir schöne, kuschelige Bettwäsche
58. Gönne dir ein neues Parfum oder einen Raumduft
59. Schlafe so lange, bis du von alleine aufwachst
60. Lasse dich im Sportgeschäft zu neuen Sportschuhen beraten und vermessen, inkl. Laufmessung
61. Gönne dir eine neue Friseur oder Haarfarbe

Raus ins Grüne

62. Lerne deine Stadt beim Geocaching kennen
63. Wandere durch eine wunderschöne Landschaft oder zu einem klaren Bergsee
64. Bestaune den botanischen Garten, einen Zoo mit Freigehegen, einen Naturpark oder den Wald
65. Nimm dir eine kuschelige Decke, lege dich in die Natur und genieße den Abend unterm Sternenhimmel
66. Gehe schnorcheln oder lerne tauchen
67. Genieße einen Tag auf einem Weingut samt Weinprobe
68. Setze dich in die Sonne, während alle anderen arbeiten
69. Gehe campen
70. Buche einen Golfkurs
71. Buche eine Stadtführung
72. Sei wieder Kind! Veranstalte mit Freunden eine Schnitzeljagd oder Spiele-Olympiade im Garten mit Sackhüpfen, Eierlaufen & Co

Abenteuer frei!

73. Erlebe Abenteuer pur und mache einen Fallschirmsprung oder Bungee Jump
74. Lerne Kite Surfen, Skaten oder Klettern
75. Erlebe Canoeing oder Rafting auf einem wilden Fluss
76. Mache einen Ausritt durch den Wald oder über das Feld

77. Erlerne eine Kampfsportart oder Boxen
78. Lerne Poledance in einem Poledance-Studio als herausforderndes Ganzkörpertraining
79. Trainiere für einen Marathon oder Halb-Marathon
80. Nimm am Tough Mudder Deutschland teil
81. Lerne Motocross, Krav Maga oder Wing Chun
82. Fahre in einem Rennwagen auf einer Rennstrecke mit

Kauf dir was Schönes

83. Bummle über einen Flohmarkt oder durch Second Hand Läden und ergattere coole Vintage Klamotten oder Möbelstücke
84. Gönne dir ein schönes neues Bild für das Wohn- oder Schlafzimmer
85. Kaufe dir ein großes TV oder eine Stereoanlage für den perfekten Sound
86. Lade dir eine neue App herunter, die du schon länger haben wolltest
87. Kaufe dir eine schöne Tasche, Portemonnaie oder Laptop Tasche
88. Kaufe dir einen Smoothie Maker oder Standmixer und starte jeden Tag gesund in den Tag
89. Kaufe dir einen bunten Blumenstrauß oder eine Topfpflanze und erfreue dich an den Farben
90. Kaufe dir ein Lotterielos
91. Kaufe dir ein paar Klatschmagazine und

entspanne dich beim gemütlichen Schmökern

92. Kaufe dir neues Makeup oder eine neue Pflegecreme
93. Wenn du die Zeit dazu hast, schenke einem Tier ein neues liebevolles Zuhause
94. Kaufe dir eine neue Sonnenbrille, Wireless Kopfhörer oder Sportarmband/Sportuhr
95. Kaufe dir eine neue Getränkeflasche für den Sport
96. Kaufe dir einen To-Go-Becher aus Bambus mit witzigen Sprüchen
97. Kaufe dir eine schöne Kette, Anhänger, Armband oder Ohrringe
98. Kaufe dir ein schönes Hardcover Buch und lese es gemütlich
99. Schenke jemandem ganz unerwartet etwas Schönes

7. TESTE DEINE ACHTSAMKEIT

„Glaube an das, was noch nicht ist, damit es werden kann."
- Unbekannt -

Du bist in deinem Alltag mit deinen Gedanken vielleicht oft in der Vergangenheit oder in der Zukunft. Dein Leben findet aber jetzt, genau in diesem Moment, statt. Du solltest deine Aufmerksamkeit also besser auf die Gegenwart und den aktuellen Moment lenken. Nur dann nimmst du bewusst und wertungsfrei wahr, was tatsächlich ist. Dass du den Augenblick wahrnimmst und einen besseren Kontakt zu dir selbst finden kannst, ist eine vollkommen bewusste Entscheidung.

Die Wurzeln der Achtsamkeit liegen übrigens in der buddhistischen Lehre, welche in der zweiten Hälfte des 20. Jahrhunderts auch die westliche Welt erreichte. Hier werden Achtsamkeitsübungen zur Entspannung und zur Stressbewältigung genutzt. Deine Achtsamkeit kannst du aber auch im Alltag mit einigen kleinen Übungen trainieren und einüben. Allerdings solltest du einige Punkte beachten, wenn du künftig in Achtsamkeit leben möchtest:

Alte Glaubenssätze sind Geschichte

Damit du dein Leben in Achtsamkeit leben kannst, ist es wichtig, dass du dich von alten Glaubenssätzen löst. Diese halten dich auf deinem Weg nur auf. Stelle sie dir vor wie ein Gummiband, dass um deinen Körper gelegt ist. Je weiter du von diesen Glaubenssätzen wegrennen möchtest und je stärker du gegen sie ankämpfst, desto stärker spannt sich das Gummiband und hält dich zurück.

Sei also offen. Schau dir deine Glaubenssätze ganz genau an. Wie du bereits erfahren hast, kommst du diesen sehr effizient mit Meditation und Achtsamkeit auf die Spur. Schaue und höre also ganz genau in dich hinein und nimm wahr, was sich in dir regt.

Frage dich auch, warum und für wen du Achtsamkeit praktizieren möchtest. Im besten Falle lautet die Antwort, dass du es einfach nur für dich machen möchtest. Um dein Leben zu entschleunigen. Um dein Leben wieder voll und ganz wahrzunehmen. Um dich wieder spüren zu können. Um wieder Spaß und Freude im Alltag zu spüren. Um mehr Abenteuer in dein Leben zu lassen. Und um als Folge davon auch die Beziehungen zu anderen Menschen zu intensivieren.
Frage dich ebenfalls, was du dir davon erhoffst, künftig achtsam zu leben. Denn nur, wenn du die Gründe dafür kennst, kannst du auch eine positive Veränderung in deinem Leben bewirken.

DER GROßE ACHTSAMKEITSTEST

Du kannst mit einem Test relativ einfach ermitteln, wie achtsam du im Alltag bist. Sei dafür ganz ehrlich zu dir selber und beantworte die folgenden Fragen unbedingt schriftlich (nicht schummeln):

1. Fühlst du dich oft unter Zeitdruck oder gehetzt? Und das in Momenten, in welchen das gar nicht notwendig wäre?
2. Bist du eher ein hektischer, ungeduldiger und hibbeliger Mensch?
3. Denkst du, dass dein Umfeld viele Erwartungen an dich stellt, die du erfüllen musst und du im Prinzip in einem Rollenmuster gefangen bist?
4. Hast du in deinem Alltag zu viel Automatismus und Routinen und das Gefühl, dass du nur „funktionierst"?
5. Genießt du dein Leben und hast das Gefühl, wirklich präsent zu sein?
6. Weichst du üblicherweise unangenehmen Erfahrungen und Schmerzen aus oder versuchst, diese zu verdrängen?
7. Denkst du oft an die Vergangenheit und fällt es dir schwer, Erinnerungen loszulassen?
8. Denkst du viel über unerledigte Dinge und Sachen nach, die du noch erledigen musst?
9. Freust du dich auf den folgenden Tag und kannst es kaum erwarten, was er dir bringt?
10. Denkst du oft an die Zukunft und machst dir dabei Hoffnungen?

11. Fällt es dir schwer, zur Ruhe zu kommen?
12. Hast du das Gefühl, dass du in deinem Leben Priorität hast?
13. Traust du dich, zu anderen auch einmal „Nein“ zu sagen?
14. Fühlst du dich oft gelangweilt? Erscheint es dir oft so, dass immer nur dasselbe passiert und du keine Alternativen hast?
15. Kannst du eine Situation so lassen, wie sie ist oder möchtest du oft eingreifen?
16. Bist du selbstkritisch und streng mit dir selbst, weil du scheinbar des Öfteren etwas falsch machst? Gibst du in erster Linie dir die Schuld, wenn etwas nicht so klappt, wie es sollte?
17. Hast du ein schlechtes Gewissen, wenn du dir Zeit für dich herausnimmst und nur das machst, was dir Spaß macht und gerade gut tut?
18. Verfängst du dich häufig in Grübeleien?
19. Achtest du auf deine Intuition? Auf das, wofür dein Herz schlägt?
20. Setzt du deine Leidenschaft um?
21. Verfällst du ins Kopfkino und malst dir besonders negative Situationen intensiv aus?
22. Blähst du dieses Kopfkino immer weiter auf und erfindest negative Geschichten hinzu, die bisher gar nicht passiert sind?
23. Bist du ein sehr kopflastiger Mensch?
24. Brichst du manchmal einfach aus den Regeln aus? Machst etwas Verrücktes, das sich gut anfühlt?
25. Hast du das Gefühl, dass das Leben an dir

vorbeizieht und du es gar nicht richtig lebst?
26. Fühlst du dich häufig überfordert?
27. Setzt du anderen Menschen klare Grenzen und achtest darauf, was dir gut tut?
28. Hast du den Eindruck, dass dein Partner und du aneinander vorbei lebt?
29. Glaubst du, dass deine Beziehung früher intensiver war? Hast du früher eine engere Verbundenheit gespürt?
30. Fühlst dich voller Energie und Gelassenheit?
31. Mit welchen Gedanken wachst du morgens auf? Sind sie eher positiv oder negativ?
32. Mit welchen Gedanken gehst du abends ins Bett? Sind sie eher positiv oder negativ?
33. Bist du schnell genervt von deinem Umfeld?
34. Kannst du dich gut von Kritik distanzieren oder nimmst du diese sehr persönlich und fühlst dich angegriffen? Nimmst du sie sogar oft noch mit ins Bett?
35. Vergleichst du dich häufiger mit anderen Menschen?
36. Schneidest du dabei eher gut oder eher schlecht ab?
37. Wie viele Stunden verbringst du pro Tag und pro Woche vor dem TV?
38. Wie viele Stunden verbringst du pro Tag und pro Woche mit Facebook, Handy & Co?
39. Bist du wirklich voll und ganz für deinen Partner oder deine Familie da? Mit Selbstbewusstsein und innerer Stärke?
40. Bist du für deinen Partner oder deine Familie da, indem du dich aufopferst?

41. Hast du öfters das Gefühl, dass du innerlich grau und farblos bist? Langweilig und eintönig?
42. Hast du öfters das Gefühl, dass du dich selber verlierst?
43. Überwiegt in deinem Leben Lachen, Energie, Freude und Abenteuer oder Zweifel, Ernsthaftigkeit, Belastung und bedrückende Stille?
44. Bringst du Abenteuer in dein Leben?
45. Wie sieht deine Ernährung aus? Weizenbrötchen, Kaffee, Fertig- oder Kantinenessen, viel Süßkram? Oder legst du Wert auf frisches Essen, frische Säfte, probierst Neues aus?
46. Kannst du andere zu etwas animieren oder musst du animiert werden?
47. Verwöhnst du dich hin und wieder? Einfach nur, weil es Spaß macht?
48. Kannst du andere Menschen inspirieren?
49. Hast du das Gefühl, dass die Menschen, die dir am nächsten stehen, dich wirklich kennen?
50. Verstellst du dich des Öfteren oder bist du authentisch?
51. Lässt du dich auf andere Menschen ein oder baust du eine kleine Mauer um dich herum?
52. Nimmst du dir wirklich die Zeit, andere Menschen kennenzulernen? Also wirklich kennenzulernen?
53. Und glaubst du, dass du die Menschen, die dir nahestehen, wirklich kennst?
54. Was würdest du dir wünschen, das andere

Menschen nach deinem Tod über dich sagen?

55. Wie möchtest du wahrgenommen werden? Und wie nimmst du dich selber wahr?
56. Erträgst du Momente der Ruhe und Einkehr oder langweilen oder belasten sie sich eher?
57. Wann hast du zuletzt mit deinem Partner, deiner Familie, deinen Kindern ein intensives und inspirierendes Gespräch geführt?
58. Siehst du Fehler und Missgeschicke als Stolperfalle oder als Chance?
59. Was genau brauchst du, um mehr Gelassenheit, Glück, Zufriedenheit und Freude in dein Leben zu bringen?
60. Suchst du diese Auslöser im Außen oder im Innen?

RAUS AUS DER MONOTONEN FALLE UND MIT VOLLGAS IN DEIN BESTES LEBEN

Anhand der Fragen siehst du deine Gedanken und deine Lebenseinstellung plötzlich Schwarz auf Weiß. Bekommst du ein Gefühl dafür, was du ändern möchtest? Und mit welchem Bereich du beginnen möchtest?

Denke daran: Es geht ums TUN. Achtsamkeit ist keine neue Wundertechnik und auch kein Allheilmittel.

Achtsamkeit ist eine Lebenseinstellung.

Du hast jederzeit die Wahl, dich für ein achtsameres und intensives Leben zu entscheiden.

Du hast jederzeit die Wahl, Dinge einfach loszulassen. Dinge, die dich belasten, dich stressen, dich einengen, dich aufhalten. Bringe Abstand zwischen dich und Menschen, die dich negativ beeinflussen und dir nicht gut tun. Die dich runterziehen und dir Energie rauben anstatt dich zum bestmöglichen Leben zu inspirieren, dass du führen kannst!

Du hast jederzeit die Wahl, die Kontrolle abzugeben – und dennoch zu 100% die Verantwortung für dein Leben zu übernehmen. Du kannst das Leben eh nicht durchplanen, also nimm dir diesen Stress doch direkt von Beginn an. Lass das Leben fließen und genieße es!

Du kannst dein Leben ganz einfach zum Besseren verändern, wenn du nur ein bisschen Achtsamkeit in deinen Alltag bringst. Das geht mit wenigen Schritten – und sogar, wenn du ein schnelles und hektisches Leben führst.

Denn viele Menschen haben den Eindruck, dass ihre Sorgen, Probleme, Ängste, Nöte, Träume und Hoffnungen real sind – doch das sind sie oftmals nicht. Wie Mark Twain so schön sagte: *„Ich hatte mein ganzes Leben viele Probleme und Sorgen. Die meisten von ihnen sind aber niemals eingetreten"*. Entweder kommen sie aus der Vergangenheit oder stehen noch in der Zukunft. Aber du lebst JETZT.

Genau JETZT. Klammere dich nicht an die Vergangenheit. Hoffe nicht nur auf die unvorhersehbare Zukunft.

LEBE JETZT!

In diesem Moment.

Dass du immer mal wieder an die Zukunft denkst und dir die Was-wäre-wenn-Frage stellst, ist völlig normal. Vor allem positive Zukunftsfantasien können eine enorme Kraft entfalten. Dennoch lebst du jetzt. In genau diesem Moment.

Jetzt kannst du etwas ändern.

Jetzt kannst du dich entscheiden, glücklich zu sein. Gelassen zu sein. Das Leben zu genießen.

Ist es leicht? Nein, sicher nicht.

Ist es einfach? Ganz sicher! Genau dafür haben wir dir mit diesem Buch zahlreiche Erklärungen, Tipps und Ideen an die Hand gegeben. Jetzt heißt es: TUN.

Indem du dran bleibst und jeden Tag ein paar Minuten in Achtsamkeit lebst, wirst du Schritt für Schritt die Auswirkungen spüren. Du wirst kleinere und größere Fortschritte feststellen. Vor allem in den Bereichen von Sorgen, Ängsten und Stress wirst du schnell Erfolge erzielen – und diese natürlich gebührend feiern.

Freue dich auf stärkere Beziehungen. Freue dich auf mehr Spaß an deinem Job. Freue dich auf neue, kleine Entdeckungen und große Abenteuer im Alltag.

Freue dich auf dein neues Leben.

Auf die Achtsamkeit,
Svea & Lasse

Eine persönliche Bitte zum Schluss:

Rezensionen sind ein extrem wichtiger Bestandteil von Produkten. Kunden verlassen sich auf deine Rezension, wenn sie vor der Entscheidung stehen, dieses Buch vielleicht auch zu kaufen. Bestimmte Rezensionen waren sehr wahrscheinlich auch bei dir der Grund, warum du dieses Buch gerade liest. Deine Rezension hilft unseren Büchern, auf Amazon sichtbarer zu werden. Sollte dir das Buch also gefallen haben, wären wir für eine Bewertung sehr dankbar. Um eine Bewertung zu hinterlassen, logge dich in dein Konto ein und gehe auf die Produktseite von „Unstressbar – Das 3x3 Gesetz der Achtsamkeit“, scrolle bis zum Ende und klicke auf „Kundenrezension verfassen“.

Wir lesen gerne jede Bewertung und auch jedes persönliche Feedback an uns. Das hilft uns nämlich dabei, unsere Bücher für dich Stück für Stück zu verbessern. Wir sind dir also sehr dankbar, wenn du dieses Buch offen und ehrlich bewertest. Ein Buch lebt und es lebt vor allem durch dich!

Nun danken wir dir für den Kauf, die Bewertung unseres Buches und wünschen dir viel Erfolg auf dem Weg zu mehr Achtsamkeit und Gelassenheit.

Svea & Lasse

LITERATUREMPFEHLUNGEN

Abschließend möchten wir dir noch ein paar Anregungen für weitere Buchkäufe mit auf den Weg geben, welche wir als sinnvoll erachten, weil wir sie entweder selbst gelesen haben oder als wertvoll einschätzen.

- „Die 7 Geheimnisse der Schildkröte: Den Alltag entschleunigen, das Leben entdecken" von Aljoscha Jong und Ronald P. Schweppe (ISBN 3453701488)
- „Entspannt schaffst du alles!: Mit neuen Meditations- und Hypnosetechniken zu mehr Gelassenheit und Erfolg" von Jan Becker (ISBN 3492061052)
- „Jeden Tag weniger ärgern!: Das Anti-Ärger-Buch. 59 konkrete Tipps, Techniken und Strategien" von Vera F. Birkenbihl (ISBN 3868824502)
- „Die wertvolle Medizin des Waldes: Wie die Natur Körper und Geist stärkt" von Qing Li (ISBN 3499634015)
- „Das Café am Rande der Welt – Eine Erzählung über den Sinn des Lebens" von John Strelecky (ISBN 3423209690
- "The Big Five For Life – Was wirklich zählt im Leben" von John Strelecky (ISBN 3423345284)

RECHTLICHES UND IMPRESSUM

Svea Lang & Lasse Nielsen
c/o Autoren.Services
Zerrespfad 9
53332 Bornheim

Printed in Poland
by Amazon Fulfillment
Poland Sp. z o.o., Wrocław

67996354R00159